生態人類学は挑む
MONOGRAPH
3

ニューギニアの森から

平等社会の生存戦略

須田一弘 SUDA KAZUHIRO 著

京都大学学術出版会

森へ分け入る

パプアニューギニア西部、調査地シウハマソンへの旅は苛酷だった。飛行機を乗り継ぎカヌーで川をこえ、細い踏み分け道を行く。森の奥に住むクボの人々の生活を「測る」ため、ヒルに噛まれながら研究者はぬかるんだ道を越えた。

ニューギニア島有数の大河フライ川を
見下ろしながら調査地へ

シウハマソンへは多くの川が道をはばむ。
カヌーは重要な移動手段のひとつ

フライ川中流のキウンガの川港。ここを経由し、
シウハマソンへの苛酷な道を行く

クボの人々

クボの人々が住まうロングハウス。かつては数家族がここで生活を共にした

直火でバナナを焼いて調理。バナナはサゴデンプンにならぶ彼らのエネルギー源

バナナ畑。一度収穫されると25〜30年程度休耕ののち、循環的に利用される

生業と儀礼

彼らの食物獲得活動は、バナナを主とする移動式農耕とサゴヤシデンプンの精製、狩猟採集など多岐にわたる。柔軟な資源利用が支える生活が重視するのは「平等」。資源が平等に行き渡らなければ、邪術が人々を襲う。

サゴデンプン作り。石斧でサゴヤシを削る

儀礼時のダンス。かつてはダンスでトランス状態に入った治癒者が精霊と交感し、依頼者に病気の原因を伝えるという治癒儀礼があった

サゴオサゾウムシの幼虫をサゴデンプンと混ぜて蒸し焼きに。現在ではキリスト教原理主義の禁忌によりサゴオサゾウムシは使われない

儀礼時の食物の交換。食物を平等に分けなければ、妬みが呼ぶ精霊が死を招く

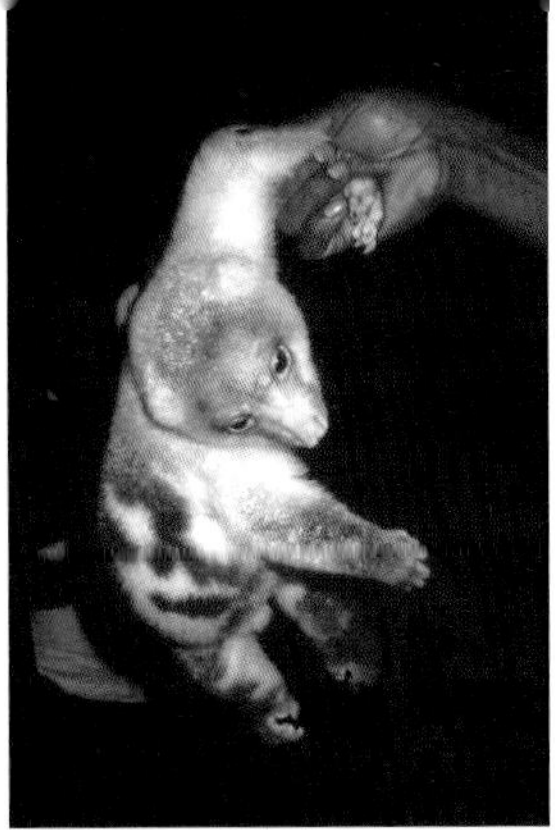

夜行性のクスクス。昼に寝ているところを手づかみで捕まえることもあった

弓矢で仕留めたノブタ。ノブタもクスクスも現在ではキリスト教原理主義の禁忌により狩猟対象から外されている

世界最大の鳩カンムリバト

キリスト教原理主義により狩猟対象はほぼ鳥類に限定された

川に仕掛ける竹でつくった筌。無数に流れる川で漁撈も行う

ヒクイドリ(カソワリ)。主に儀礼時の食物とするために飼われている

森から海へ

リーフ(サンゴ礁)での漁に利用される大型ダブルアウトリガーカヌー

森を抜け、海の生活を見るために海岸沿いに住むキワイの人々のもとへ。森の生活とはちがい、急速に貨幣経済が浸透するなかで彼らの生活は揺らいでいた。

モリで仕留めたウミガメをひきあげる

リーフでのモリ漁

海岸の漁ではビーチネットをつかって漁を行う

ナマコの加工作業。現金収入源としてナマコ採集が盛んとなり、コミュニティに亀裂を生じさせた

モリで仕留めたジュゴン。乱獲防止のため伝統的なモリ漁以外の売買目的の漁は禁止された

混迷する21世紀の荒野へ

地球という自然のなかで人類は長い時間をかけて多様な文化や社会を創りあげてきた。その長い歴史は、人類が自然の一部としての生物的存在から離陸して自然から乖離していく過程でもあった。その結果、現在の人類は地球という自然そのものを滅亡させてしまうかもしれない危険な存在になっている。世界がその危険性にやっと気づきはじめ、資本主義グローバリズムに変わるべき未来像を模索している。

そのような中で生態人類学は自然と文化という人間存在の二つの基盤にしっかり立脚し、人間の諸活動のすべての要素を含みながら、しかも具体的で説得力ある研究を目指すユニークな学問的営為として研究活動を続けてきた。現在地球上で急激に減少している多様な人類文化に着目し、そうした民族文化や地域文化の奥深さを描き出すため志のある研究者が実直で妥協のないフィールドワークを続けている。研究者たちはそこで得られたデータによって描かれる論文や現場に密着したモノグラフ等の作品以外に、この多様な人類のありかたを示す方法はないことを確信してきた。

生態人類学は、一九七三年五月に東京大学と京都大学の若手の人類学関係者が集まり第一回の生態人類学研究会を開催したのが始まりであった。この生態人類学研究会は二三回続き、一九九六年の生態人類学研究会を第一回の生態人類学会研究大会とすることで新たな学会となった。今年度（二〇二〇年）第二五回の生態人類学会研究大会を開催し今日に及んでいる。今や生態人類学を標榜する研究者も数多くなり、さまざまな大学や研究機関に所属している。

生態人類学会は二〇〇二年度に『講座・生態人類学』（京都大学学術出版会）八巻を発刊して、それまでの生態人類学の成果を世に問うている。この講座は、アフリカの狩猟採集民二巻、東アフリカの遊牧民、アフリカの農耕民、ニューギニアの諸集団、沖縄の諸論考のそれぞれに一巻をあて、さまざまな地域のさまざまな生業や生活を対象にした論文集という形のシリーズであった。また、エスノ・サイエンスや霊長類学と人類学をつなぐホミニゼーションに焦点をあてた領域にもそれぞれ一巻をあてている。

この『講座・生態人類学』発刊からすでに二〇年近く経過し、研究分野も対象とする地域ももはや生態人類学という名称では覆いきれない領域にまで広がっている。そして本学会発足以降、多くのすぐれた若手研究者も育ってきている。そうしたことを鑑みるならば、このたびの『生態人類学は挑む』一六巻の発刊は機が熟したというべきである。このシリーズはひとりの著者が長期の調査に基づいて描き出したモノグラフ一〇巻と従来の生態人類学の分野を超えた、領域横断的な研究分野も包摂した六巻の論集からなる。共通するのはいずれもひとりひとりの研究者が対象と向き合い、思索する中で問題を発見し、そして個別の問題を解くと同時にそれを普遍的な問題にまで還元して考究するスタイルをとっていることである。生態人類学が出発してほぼ五〇年が経つ。今回の『生態人類学は挑む』シリーズが、混迷する21世紀の荒野に、緑の風を呼び込み、希望の明りをともす新たな試みとなることを確信する。

日本の生態人類学の先導者は東京大学の渡辺仁先生、鈴木継美先生そして京都大学の伊谷純一郎先生であったが、生態人類学の草創期の研究を実質的に押し進めてきたのは六年前に逝去した掛谷誠氏や今回の論集の編者のひとりである大塚柳太郎氏である。

掛谷誠氏の夫人・掛谷英子さんより掛谷誠の遺志として本学会へのご寄進があり、本出版計画はこの資金で進められた。学会員一同、故人に出版のご報告を申し上げるとともに、掛谷英子さんの御厚意に深く謝意を捧げたい。

『生態人類学は挑む』編集委員会

目次

はじめに

日本からほぼ南、赤道を少し越えたところに、世界で二番目に大きな島、ニューギニア島がある。その東半分と、ビスマーク諸島、ブーゲンビル島など大小一万を超える島々を含めた国が、一九七五年に独立したパプアニューギニアである。面積はおよそ四六・三万平方キロメートルで、日本よりも八・五万平方キロメートルほど大きいが、二〇一八年の人口はわずかに約八四二万人であり、日本の一五分の一に過ぎない。中央部には四〇〇〇メートルを超える急峻な山々が連なり、南北の人の移動を妨げている。また、内陸低地や山麓部では、山々にぶつかった湿った空気が大量の雨を降らせ湿地帯を作り、人びとの居住や移動の妨げになっている。自動車などで急峻な山々を越えて、あるいは湿地帯を越えて行き来できるような道路網が整備されているところはいまだに少ない。人びとの移動は、踏み分け道を何時間も、何日も歩くという手段しかないところが多い。これらのことが関係してか、パプアニューギニアの人びとは、比較的少人数で分散して暮らしていることが多い。そのため、八〇〇を超える言語が話されているとされる。そして、それらの言語集団は多くの場合、おのおの独自の民族であると自覚しており、文化も異なっている。共通の文化的特徴よりも個別の特徴の方がはるかに目につくといってよい。それぞれの集団が独自の生活様式を持っているのである。

私が一九八八年に初めてパプアニューギニアでの生態人類学調査を行ったのは、西部州の内陸に位置する熱帯雨林に暮らすクボ語を話す集団である。本書ではまず、クボの調査の経験と、その時に、あるいは日本に帰ってきてから考えたことをまとめていきたい。これまで私がこだわってきた研究テーマは、生業活動または食物獲得活動を中心とした資源利用である。より具体的にいえば、いつ、だれが、どこで、どんな食物を、どのようにして手に入れているかを、観察し、記録し、分析することである。生態人類学の目的の一つは、人間が生息地の環境と密接に関連しながら生存するメカニズムを研究することにある。そのためには、生物としての人間が環境との相互作用の中でどのように具体的生活を営んでいるかを明らかにする必要があるが、人間の日常生活における行為は対象集団の文化を考えることなしには理解不能である。そこで、個々の民族・文化・社会の中に入り込み、それぞれの固有の文化を読み解きながら、環境との関わりを理解する必要がある。そうすることで、個々の社会と環境との相互作用を、生態学的脈絡の中で理解することが可能になると私は考えている。クボの社会には平準化への強い志向性がある。そして、それは邪術や死の観念とも結びついている。それらの関係を読み解いていくことで、人間と自然、超自然のかかわりを理解できるのではないかと考えた。そこで、まず、人びとの活動とその時間、生産物の計測を行い、基本的なデータを収集した。そして、資源利用が、彼らの自然や超自然に関する観念や社会組織とどのように関わっているのかについて考察した。本書の多くは、クボの資源利用とその分析、それらと社会組織や超自然観などとのかかわりが占めることになる。

一九八八年のクボの調査を終えた後、同じパプアニューギニア西部州のキワイ、マレーシアのマレー人や先住民のオランアスリ、インドネシア、南太平洋ポリネシアのトンガ王国などで海外調査を続けてきた。しかし、クボでのはじめての海外調査の経験は強く印象に残った。それは、私自身のものの考え方やふるまいと、クボの人びとのそれらが大きく異なっていたからだろう。その後に出かけた他の調査地で出会った人びととくらべてみることも多かった。とくに、クボに続いて行ったキワイの調査では、同じパプアニューギニアの人びとでも、考え方やふるまいが大きく違っているということに気づかされた。本書では、同じパプアニューギニアのキワイの調査についても記述し、クボとの比較を試みたい。また、他の調査地についても、クボと関連のある話題についてはコラムとして紹介したい。

一九八八年から二〇〇三年にかけて三度の調査を行ったクボは、パプアニューギニア西部州の大パプア台地の西寄り、標高一〇〇～二〇〇メートルの熱帯雨林に暮らしている。食物獲得活動は、バナナを主作物とする移動式農耕（焼かない焼畑）、サゴヤシからのデンプン作り、河川での漁撈、小動物や野生植物の採集、野ブタやヒクイドリ（カソワリ）を対象におもに弓矢を使った森林での狩猟である。かつては、数家族からなるロングハウスで半遊動的な暮らしを送っていたが、パプアニューギニアの独立に伴い、政府による定住化政策が進められ、現在ではいくつかのロングハウスが集まって定住集落を形成している。クボの食物獲得活動の特徴は、資源利用の柔軟性である。土地は父系親族集団が所有している。親族集団のメンバーはその土地で畑を作ったり、サゴヤシからデンプンを作ったり、狩猟や採集活動を行ったりしている。しかし、定住化により集住した結果、集落の近くに土地を所有しない親族集団が生じることになった。それへの対応として、彼らは土地を所有する親族集団から、対価を必要とせずに土地を借りることができるという柔軟な資源利用を生み出した。また、サゴヤシについても基本的には所有権が設定されているが、グループで行われるデンプン作りに参加することで、非所有者もデンプンを作ることができる。こうした、利用権の開放は、定住化が進んだことによって生じたものと考えることができる。そして、それには彼らの平準化へのオブセッションと、邪術と死に関する観念が深く結びついている。本書では、まずクボの資源利用に関する定量的なデータを分析し、その特徴を明らかにしたい。その上で、資源利用の特徴がクボの社会の他の側面とどのように関連しているのかを考察したい。そして、そのように考えるきっかけとなった出来事、クボと暮らした生活の中で私が体験したさまざまなエピソードについてもできるかぎり紹介したい。こうした出来事やエピソードは学術論文で取り上げることがほとんどないからである。フィールドで試行錯誤する生態人類学者の姿を知っていただければと思う。

一九九〇年に調査を行ったキワイは、パプアニューギニア南部のフライ川河口付近および西側の海岸沿いに暮らしている。食物獲得活動は、バナナとタロを主作物とする焼畑、野ブタやシカを対象とする狩猟と多様な漁撈活動である。漁撈活動では、河口・海岸・サンゴ礁をそれぞれの自然環境・漁獲対象の生態などに応じた漁法で利用している。漁獲物の多くは自給用として消費されるが、サンゴ礁で行われるモリ漁によって捕獲されるジュゴンとウミガメは、現金収入源として、また、儀礼時に欠かせぬ食物として利用されてきた。モリ漁は大型のダブルアウトリガーカヌーを利用して行われてきたが、近年、貨幣経済の浸透に伴いモーターボートが導入されるようになると乱獲が問題となり、商業的モリ漁が禁止されるようになった。その直後に、干しナマコの買付のために華人系の仲買人が村々を訪れるようになり、それまで見向きもしなかったナマコが新たな資源として注目されるようになった。しかし、年長者をリーダーとして組織される伝統的モリ漁と異なり、単なる現金獲得活動であるナマコ漁は、世代間の軋轢を生じさせ、年齢階梯性に基づいたキワイ社会に揺らぎをもたらすことになった。両者は熱帯雨林と沿岸部という生活環境の違いから、生業活動や利用する食物資源も大きく異なっている。この違いは社会組織をはじめとする彼らの文化とも関わり、全体としてまったく異なる社会を形作っている。

本書は、今から三〇年以上も前の話が中心となっている。分析するデータは少々古いものではあるが、生態人類学の基本ともいえる研究方法で明らかにしてきたことの一端を示そうと考え、これまでのパプアニューギニアでの調査と研究をまとめさせていただいた。なお、第2章から第4章までのデータは、二〇〇四年に鹿児島大学大学院農学研究科に提出した学位論文「パプアニューギニア・クボ集団における生計維持活動の平準化メカニズムと社会変化に関する生態人類学的研究」で発表したものに基づいている。

第1章

ニューギニアの森へ

1　ポートモレスビーからキウンガへ

グアム経由でパプアニューギニアの首都ポートモレスビーの空港に到着したのは、一九八八年六月二六日の午前一〇時半だった。ポートモレスビーには三日間滞在し、パプアニューギニア研究所で調査許可を取得し、日本大使館を訪問して長期滞在の申請などを行った。この時の調査隊のメンバーは、代表で東京大学医学部の大塚柳太郎さん（所属は当時、以下同）、国立民族学博物館の秋道智彌さん、岐阜大学教養部の口蔵幸雄さん、国立公害研究所の遠山千春さん、東京大学医学部の本郷哲郎さんと私の六人だった。このうち、遠山さんと本郷さんは八月末、口蔵さんは九月中旬、大塚さんは一〇月中旬に帰国予定で、一二月中旬まで調査を続けるのは秋道さんと私の二人だった。また、八月中旬には遠山さん、本郷さんと入れ替わりに東京大学医学部の河辺俊雄さんと熊本大学医学部の稲岡司さんがやってきて、一二月中旬まで滞在予定だった。

私以外の七人は、大塚さんを代表者とする科学研究費補助金、いわゆる科研費の研究分担者又は研究協力者で、一九八五年からパプアニューギニア西部州の高地周縁部のオク、内陸熱帯雨林のサモとクボ、内陸低湿地マレー湖周辺の諸集団、海岸に比較的近い低地のギデラを対象とした調査を行っていた。一九八八年は内陸熱帯雨林のサモとクボで大塚さん、口蔵さんと私が、マレー湖周辺で秋道さんが住み込み調査を行い、他の四人はそれぞれの調査地を巡回し、医学・栄養学的調査を行うことになっていた。また、秋道さんは九月中旬から、河辺さん、稲岡さんは一〇月下旬からニューギニア島の北、マヌス州のマヌス島で調査を行う予定だった。

　当時、私は北海道大学大学院文学研究科博士課程に在学していた。その頃の文学部系の博士課程では、三年間の修業年限で博士の学位を取得できることはまれで、就職が決まるまで最長六年間在学することが多く、私も博士課程に進学してから四年目を迎えていた。現在と違い、大学院生は研究協力者として科研費の海外調査に参加することができなかった。そこで、大塚さんを代表とする科研費でのパプアニューギニア調査に、個人として同行するという形をとった。

　ところで、生態人類学は「人間と環境の相互作用の解明」を主たるテーマとしている。産業化された社会では、人間と環境の直接的な関わりを見ることは難しい。そのため、より直接的な相互作用を見ることができるであろう狩猟採集や粗放的な農耕を行っている社会、できれば自らの食料を自分で手に入れている自給的な社会での調査を行いたいと思っていた。しかし、当時は海外調査の機会を得ることがなかなか難しかった。そのため、大学院修士課程では北海道日本海沿岸の漁村調査、博士課程進学後は石川県の能登半島の山村と漁村の調査を行っていた。生態人類学を専攻していた諸先輩方の多くも、一九七〇年代から日本国内の漁村での調査を行い、数々の論文を発表していた。現代の日本において、自然環境の影響を強く受ける野生動物を生産の対象としているのは漁業以外には少ないということが、生態人類学的漁村研究に向かわせる理由であったと思う。たしかに日本の漁業では、動力船やＧＰＳ、魚群探知機などさまざまな機械や設備が使用されてはいるが、漁獲の対象は、養殖業を除けば、ほとんどが野生の水産資源である。しかも、水中という人間にとっては異質な環境に生息しているので、捕獲のためにはさまざまな工夫が必要になる。さらに、水温・海流などの自然環境の変化により、回遊ルートや資源量の変動も大きい。こうした要因を考慮しながら、それぞれの漁業を記述、分析することは、「人間と環境の相互作用の解明」をめざす生態人類学にとっての格好のフィールドといえる。

とはいえ、一九七〇年代に日本国内で漁村の研究をされていた生態人類学の諸先輩は、一九八〇年代になるとアフリカや東南アジア、中南米、オセアニアへと調査地を拡大し、優れた研究を発表していた。私もいずれは海外で、自然に強く依存した生活を送る人びとの環境との相互作用を調べてみたいという思いを持っていた。じつは、大学では探検部に所属しており、その活動の一環として、一九八〇年に一か月半ほどポリネシアのトンガ王国を訪れたことがあった。海外調査をするのであれば、オセアニアが良いとも思っていた。北海道大学の学部学生、大学院生時代に私が所属していた講座の助手をされていて、指導を受けた口蔵さんと菅原和孝さんから、マレーシアの先住民オランアスリやアフリカのサン（ブッシュマン）の調査の話を伺い、海外調査への思いを募らせていた。その頃、口蔵さんの東大理学部人類学教室の先輩である大塚さんからパプアニューギニアでの調査に院生を一人くらいなら連れて行ってもよい、という誘いをいただいた。大塚さんとは一九八六年から能登半島の調査で何度か同行させていただいたこともあり、私に声をかけてくださったのだと思う。このような経緯で、パプアニューギニアでの初めての海外調査に参加することが決まった。年齢は二九歳になっており、現在の大学院生の海外調査と比較するとかなり遅めの初めての海外調査だった。

ポートモレスビーでは、大塚さんたちが定宿にしていた、下町ボロコにある自炊ができるドブトラベルというゲストハウスに滞在した。ドブトラベルはキリスト教の関連団体が運営しており、おもにキリスト教関係者の移動の手配を行っていた。また、彼らの移動の際にポートモレスビーでの宿泊も提供していたが、キリスト教徒ではない我われも部屋に空きがあれば泊まることができた。一人一泊二〇キナという値段は、その後も二〇年以上変わらなかった。

ポートモレスビーでは銀行で通貨の交換も行った。パプアニューギニアの通貨単位の名称は貝貨に由来するキナで、補助通貨はトエア（一キナ＝一〇〇トエア）である。当時は日本円から直接換金することはできず、日本でアメリカドルに換金して、それをキナと交換した。一九八八年六月のレートは、一キナがおよそ一五七円だった。二〇二〇年一月二一日の円とキナの交換レートは、一キナ≒三三円なので、当時はずいぶんとキナ高だった。私はいったん村に入ると一二月まで銀行のある町には出てこられないので、およそ半年の滞在中に使うであろう金額をまとめて換金する必要がある。しかし、村ではいったいどのくらいお金が必要かはまったくわからない。大塚さんのアドヴァイスに従い、二〇〇〇キナほど交換したと思う。また、村ではおつりはもらえないとも言われ、そのうち一五〇キナを硬貨にしてもらったが、それだけでかなりの重さになった。

ポートモレスビーでの調査許可の取得や日本大使館への連絡などの準備も終わり、六月二九日には西部州フライ川の中流域の町キウンガへ、国内線を運営している航空会社タルエアの飛行機で向かった。パプアニューギニアは道路網があまり整備されてなく、国内の移動はどうしても飛行機に頼ることになる。また、クボが暮らす熱帯雨林にあるノマッドのエアストリップへはポートモレスビーからの直行便が飛んでいないので、ひとまずキウンガまで行く必要があった。キウンガからは、マレー湖を経由してノマッドに向かうタルエアの軽飛行機が週に二便飛んでいた。

2 キウンガからノマッド、そしてシウハマソンへ

パプアニューギニア西部州には、ニューギニア島有数の大河であるフライ川が、中央部の山脈からパプア湾へと南流している。キウンガはその中流域にあり、フライ川中流域とその大きな支流であるストリックランド川流域の行政の中心地になっている。また、フライ川の支流であるオクテディ川上流のオクテディには銅や金を産出する鉱山があり、そこから運ばれてきた鉱石はキウンガの港からフライ川を下って運ばれていた。そのため、もともとそれほど大きくはなかったキウンガの町は、一九八八年当時には活気づいていた。私たちは、ノマッド地域を管轄する州政府のキウンガ地域事務所に顔を出し、翌日にはノマッドに向かう予定だった。支所には、本来ならノマッドの政府出張所にいるはずの出張所長もいて、無事挨拶をすませた。ノマッドには副出張所長のタカイ氏がいるので、彼がすべての面倒をみてくれるという。

ところが、午後になって空港へ向かうと、タルエアの乗務員がストライキを始めたところだった。その日は仕方なく宿に帰り、ストの終息を待つことにした。翌日になってもストは終わらず、ただ何もせずにキウンガで日々を過ごすしかなかった。キウンガは熱帯林に囲まれているせいか、海に近いポートモレスビーとは違い、気温も湿度も高かった。ポートモレスビーではエアコン無しの部屋で十分快適に過ごせたが、キウンガではそうもいかず、宿にチェックイン後にエアコン付きの部屋に替えてもらった。

写真1-1　フライ川中流のキウンガの川港

　結局、滞在四日目の七月二日に、キウンガの飛行場でチャーター専門のウェスタンエアという飛行機をみつけ、翌日の昼過ぎにマレー湖とノマッドまで飛んでもらうことにした。まず秋道さん、遠山さん、本郷さんがマレー湖に向かい、一時間ほどで戻ってきた飛行機に大塚さん、口蔵さんと私が乗り込み、ノマッドへ向かった。フライ川を越えてしばらくすると、支流のストリックランド川が見えてきた。両方ともうねうねと蛇行している。そして、熱帯林がどこまでも続いていた。三〇分ほど飛んだところで、めざすノマッドのエアストリップが見えてきた。エアストリップとはいっても、平らな場所の雑草を刈り取っただけの簡単なものである。

　ノマッドは、ストリックランド川の西岸から現在のヘラ州（二〇一二年五月に南部高地州から分離）のシサ山と南部高地州のボサビ山に囲まれた大パプア台地の西側に位置している。大パプア台地にはおよそ一八の言語集団に属する一万二〇〇〇人（一九八八年当時）が住んでいた。彼らの言語にはある程度の共通性があり、ストリックランド・ボサビグループと呼ばれている。共通点は言語だけでなく生業活動や社会組織にも見られ、バナナやイモ類を主作物とする移動式農耕（焼かない焼畑）とサゴヤシからのデンプン抽出を主なものとし、狩猟・漁撈・採集により野生の動植物を獲得している。いずれの集団も、かつては四〜五の核家族から構成されるロングハウスを生活の基盤としており、移動式農耕のサイクルや社会的要因によって、数年ごとにロングハウスの移動を繰り返す半ば遊動的な生活を送ってきた。本書の対象であるクボは、大パプア台地西部の海抜標高がおよそ一〇〇〜二〇〇メートルの起伏にとんだ熱帯雨林に暮らす約五〇〇人（一九八八年当時）の言語集団である。年間を通じての季節的変化はほとんどなく、ほぼ連日のように雨が降るため、年間降水量は六〇〇〇ミリメートルを超える年もある。日中の最高気温は摂氏二五〜三五℃、最低気温は一九〜二五℃の範囲である。西側にはストリックランド川が流れ、南側には低湿地帯、北側と東側には急峻な山々がそびえているため、以前からその範囲を超えた地域との接触はほとんどみられなかった。クボの生活は、その南西に暮らすサモと同様、ストリックランド・ボサビグループの人びととの接触にほぼ限定されていたといえる(Show 1996)。

写真1-2　キウンガの飛行場からノマッドへ

写真1-3　ノマッドのエアストリップ

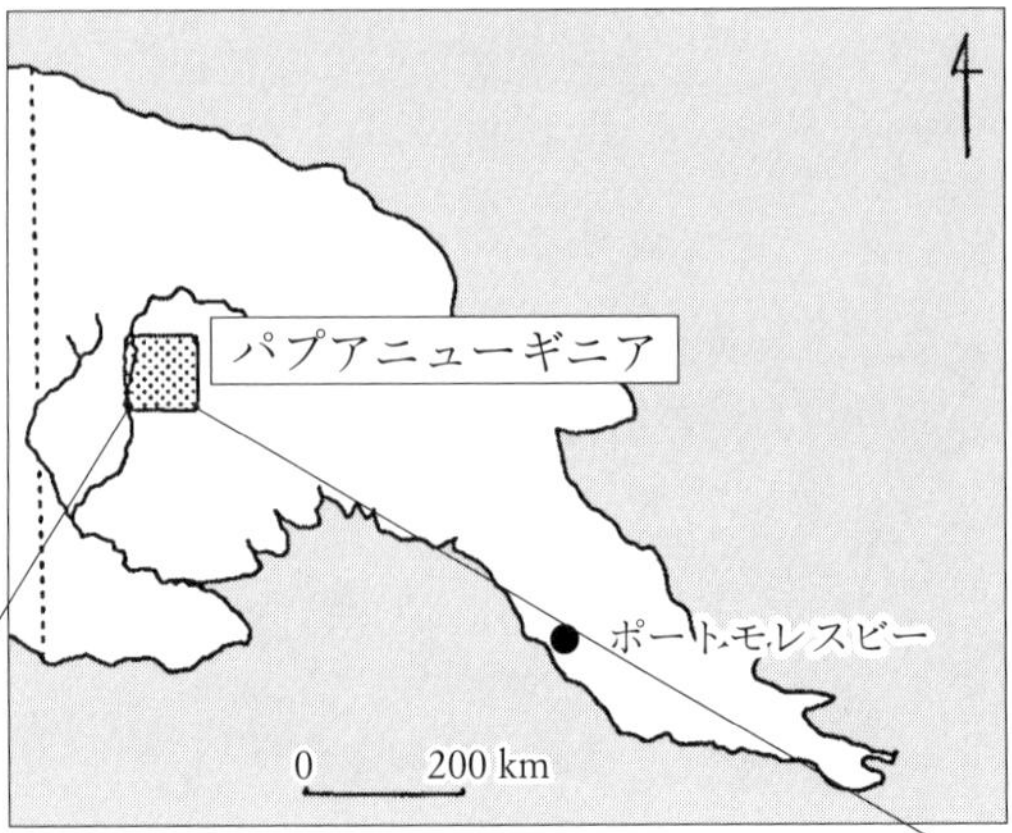

地図1-1　大パプア台地

地図1-2　大パプア台地の拡大図とおもな集団

COLUMN 1

ハイズの探検とノマッドの「発見」

ストリックランド・ボサビグループの集団が植民地政府とはじめて接触したのは、ジャック・ハイズとジム・オマリーによって一九三四〜三五年に行われたストリックランド川・プラリ川源頭域調査の時だった（ハイズ 一九七〇）。ハイズはポートモレスビー生まれの白人、オマリーはアイルランド系オーストラリア人で、当時はともに植民地政府のパトロールオフィサー（行政と司法の権限を持ち、各地を巡回する役職）だった。探検隊には、その他に一〇人のニューギニア人の役人と二八人の荷物を運ぶ人夫が参加した。この探検でハイズはフライ川本流から支流のストリックランド川に汽船で入り、その後は徒歩でさらに小さな支流をいくつかさかのぼって、現在のヘラ州に住むフリと出会った。そこから東のプラリ川源頭部を目指すが、石灰岩壁に阻まれてかなわず、その手前のキコリ川支流に沿って海へと下った。その途中、一九三五年二月から三月にかけて、彼らはストリックランド川支流のレントール川をさかのぼり、大パプア台地を横断して、ストリックランド・ボサビグループの住む地域に足を踏み入れた。

ハイズは、ストリックランド川中流域から上流にかけては無人地帯と思っていたようであるが、ストリックランド川のさらに支流から高地へと進むうちに、ストリックランド・ボサビグループの集団に出会うことになった。この出会いはほんの短い間のことであり、探検行の記録にも、その後に高地で接触することになったフリに関するような詳細な記述は残されていない。ハイズは、畑の差し掛け小屋を見て焚火の後を確認し、この地域の人びとが定住せずに遊動生活をおくっていると思い込んだ。実際には、白人を先頭に列をなして歩いてくる探検隊をはじめて見た人びとが、慌てて焚火の始末をして森に逃げ込んだようである。その印象がそのままこの地域の地名、すなわちノマッド（nomadは英語で遊動者を意味する）となり、そこを流れるストリックランド川の支流はノマッド川と名づけられた。ハイズの印象は、半分は当たっているかもしれない。というのも、前述のようにストリックランド・ボサビグループはロングハウスで暮らしながら、数年ごとに住まいを移動する半遊動的な生活を送っていたからである。また、後述のように、クボの社会は遊動的な狩猟採集民社会と多くの点で類似しているからである。なお、ハイズが接触した集団はクボではなく、ノマッド川の周辺に住むホニボかゲブシ、もしくはベダミニであったと思われる。クボの側には、ハイズとの接触をうかがわせるような伝承は残っていない。

1……政府との接触と人類学調査

ノマッド地域の集団が日常的に白人及び植民地政府と接触するようになったのは、一九六一年にノマッド川南岸に植民地政府がパトロール基地を設置し、周辺集団の統治と宥和を図るようになってからである。この基地には二～三人の白人のパトロールオフィサーが常駐し、周辺地域への巡回をとおして、植民地政府への帰順と定住集落への移行を促した。

この地域の各集団にとっては、兄弟関係に基づく数家族からなる大きな家、すなわちロングハウスが自律的集落を意味していた。それまで、この地域の集団間及び集団内では、殺人とそれに続く食人を目的とした襲撃が一年に数度行われていた。襲撃の原因となったのは、女性や資源をめぐる葛藤や、邪術をかけたことへの疑いが主なものであった。そのため、各ロングハウスは他のロングハウスへの攻撃や、襲撃への防御のため、いくつかの集落と友好的な関係を結ぶ必要があった。各ロングハウスの人口は三〇人程度であり、主として他のロングハウスとの女性の交換によって同盟関係を結び、その紐帯は成年式など儀礼時の訪問によって確認され、強化されていった。ロングハウスは、邪術が原因とされる成員の死亡による分裂や、襲撃を受けた友好的ロングハウスからの避難者の流入などでしばしばその構成を変えた。また、襲撃への恐れや農耕のサイクルの影響などにより、二〜三年ごとに場所を移動していた。植民地政府は、こうした半遊動的生活の主たる原因である襲撃の横行を鎮めることにより、定住集落への移行を促したのである。

一九八八年の調査時に三〇歳以上だった人びとは、白人のパトロールオフィサーとの初めての接触、ファーストコンタクトを経験している。パトロールオフィサーの報告ではクボとの接触はきわめて友好的であったかのように記録されているが、のちにシウハマソンで聞いた話では、それなりに緊張したものだったらしい。白人のパトロールオフィサーの到着に備えて、各ロングハウスでは女性や子供を森の中に隠し、成人男性のみが対応にあたった。それも、話の進み具合によっては、いつでも矢を射ることができるように準備をしながらであったという。というのも、当時のストリックランド・ボサビグループの集団間関係は良好なものとはいえず、絶えず他集団からの襲撃に怯えながら暮らしていたからである。当時、植民地政府に武力を持って抵抗していたのは、この地域で最大の人口をもつベダミニであった。クボにとっての主たる敵も東に住むベダミニであった。パトロールオフィサーの巡回の目的が植民地政府に抵抗するベダミニの征討であったことが、クボと白人パトロールオフィサーとの接触を、どちらかといえば友好的なものにさせたといえる。

写真1-4　ノマッドのローカルマーケット

写真1-5
ノマッドの政府出張所

ところで、九月一五日はパプアニューギニアの独立記念日であり、毎年この日の前後には周辺の人びとがノマッドに集まって、記念行事を行う。その中に、広場で演じられるコントがある。人びとに一番人気があるのは、白人のパトロールオフィサーとのファーストコンタクトの再現である。パトロールオフィサーに扮する者は、政府の出張所に残されている当時のキャリングボックスを借り、それらしい服装を身につける。巡回の際にパトロールオフィサーに出会った伝統的な衣装を着た数名の住民役の男は、最初は逃げようとするがピストルをつきつけられその場にとどまるように要求される。その後、パトロールオフィサー役は身振り手振りで住民役にシャツとズボンを身につけるように促したり、石鹸で身体を洗うことを教えたりする。しかし、住民役はそれが何かわからない様子で、石鹸を食べてみたり、ズボンをシャツと間違えて両足の部分に両手を通してはみるものの頭が出てこず当惑した振りをしたりする。そのたびにパトロールオフィサー役は住民役を小突いたり蹴ったりする。そして、周りを取り囲んでこのコントを観ている人びとは腹を抱えて大笑いするのである。白人のパトロールオフィサーが、実際に住民に対してコントのように強圧的に接していたかどうかは定かではないが、少なくとも人びとはこのように感じていたのだろう。

その後、パトロールオフィサーの勧めを受けて、ノマッドのパトロール基地の近くに居住するクボは、一九七〇年代半ばから、それまでの数家族からなるロングハウスでの半遊動的生活をやめ、核家族ごとの住居からなる定住的集落を形成するようになった。私が一九八八年、一九九四年と二〇〇三年に住み込み調査を行ったシウハマソンも、このようにして形成された集落である。いっぽう、ベダミニも、一九八〇年代初めには政府への抵抗をやめ、定住を受け入れた。

一九七五年のパプアニューギニアの独立によって、白人が行政職から撤退するのに伴い、ノマッドのパトロール基地は政府の出張所になり、白人のパトロールオフィサーからパプアニューギニア人の行政官に代わっていった。これらパプアニューギニア人行政官は、高地や沿岸部出身者が多く、行政に関わる教育を受けた人びとであった。パプアニューギニア政府はノマッドの出張所の周りに、住民へのサービスとして小学校や保健所を設立した。あわせて、ノマッドに派遣された役人や教員などの食物の確保のためにローカルマーケットを開き、貨幣経済の浸透を図った。このようにして、一九六〇年代にはロングハウスすら見られなかったノマッドに、周辺から人びとが集まるようになった。調査の時点では、ノマッドに白人は居住していなかったが、周辺集団の人びとにとっては外部と接する結節点になっていた。ノマッド出張所が主に管轄している集団は、ストリックランド・ボサビグループのうち西部に居住するベダミニ、ゲブシ、ホニボ、サモとクボである。

また、植民地政府のパトロール基地の設立に少し遅れて、キリスト教プロテスタントの各宗派の宣教師が、この地域で布教を始めるようになった。これらの宣教師たちは、ストリックランド・ボサビグループの呪術的な行為や儀礼を改めさせ、キリスト教への改宗をもとめた。それと同時に、小学校や小さな商店を設立し、教育の普及と衣服、米、缶詰などの商品とともに貨幣経済の浸透を図った。

ノマッド政府出張所の周囲に暮らす各集団にとって、植民地政府及パプアニューギニア政府との接触、それに続くキリスト教諸宗派による布教は、彼らの生活に大きな変化をもたらすことになった。まず、襲撃の停止と、それに続くロングハウスでの半遊動的生活から集落での定住生活への変化は、彼らの社会的交渉を大幅に増加させることになった。それまでの日々の交渉は、同じロングハウスに暮らす親族や親しい友人に限られ、また、その枠を越えた交渉は通婚や同盟関係にあるロングハウスにほぼ限定されていた。ところが、いくつかのロングハウスが集まって定住集落が形成されると、日常的に接触する人びとの数が飛躍的に増大した。また、襲撃が停止され平和が訪れたことにより、彼らの行動域が拡大し、それまでほとんど接触のなかった人びと、場合によっては言語集団の枠を越えた人びととの接触も増えていった。外婚単位はロングハウスから定住集落に拡大し、言語集団の範囲を越えた通婚も見られるようになった。その結果、言語集団内での社会的交渉のみならず、言語集団間のそれも大幅に増加することになったのである（Show 1996）。

また、植民地政府との接触に少し遅れてやってきた、キリスト教プロテスタント系諸宗派の宣教師は、精霊との交感を通じた治癒儀礼（Sørum 1980）や男性同士による精液の受け渡しを含む成年式（Sørum 1982）を厳しく禁じた。さらに、この地域に大きな影響力を持つキリスト教原理主義派のセヴンスディ・アドヴェンティスト派（以下SDA）に改宗した集落では、旧約聖書のレヴィ記に書かれている食物規制を守ることが求められるようになった。すなわち、ひずめが分かれていないもの、反芻しないもの、水の中にいて鰭と鱗のないもの、すべて地に這うものなどが食べてはいけないものとされた。大パプア台地西部の各集団が暮らす熱帯雨林においては、重要なタンパク源となる動物はほとんどすべてがこのカテゴリーに含まれる。その結果、これらの集団では、狩猟や漁撈活動が大幅に減少した。くわえて、ブタの大量消費を伴う儀礼も禁じられたため、ニューギニアでは一般的なブタ飼養をやめた集落もある。また、政府はパプアニューギニアの他の地域にならって、天然ゴムや落花生、コーヒーなどの換金作物の耕作を奨励し、貨幣経済の導入と浸透を図った。しかし、輸送手段の欠如のため、これらの作物から収入を得ることはできなかった。結局、キリスト教各宗派などが経営する小商店で売られる商品は、購買力の乏しさから、ほとんど住民には流通していないといってよい。そのため、彼らの経済はほぼ自給自足の状態が続いていた。

ストリックランド・ボサビグループを対象とした人類学調査は一九七〇年前後から始められた。まず、ショウがサモを対象に調査を行い、言語や儀礼、社会変化などについての研究を発表した（Show 1986, 1990, 1996）。ベダミニについては、ショーロムが調査を行っている。ゲブシについては、ノフトが調査を行い邪術と社会構造に関する研究を発表している（Knauft 1985）。また、一九九〇年には林がベダミニの調査を行った（林 一九九八）。クボに関しては、一九八七年からドワイヤーとミネガルが、北部のコナイとの境界にまたがって暮らすグワイマシ集落の調査を行っている（Dwyer and Minnegal 1992, 1995, 1997）。

2……シウハマソンへ

ノマッドでは、副所長のタカイ氏の官舎に二日間居候させていただきながら、出発の準備を進めた。タカイ氏は高地のシンブ州出身で、パプアニューギニアではよくあることだが、本人及び夫人の兄弟が数名同居していた。その中で、部屋を一室使わせていただき、大塚さん、口蔵さんと三人で過ごした。大塚さんはサモのテリトリーの北端の集落であるベベロビ、口蔵さんはサモとクボの境界にあり、両集団が混住するギウォビ、私はクボの南端の集落シウハマソンを調査地に決めた。クボとサモは昔から友好的で、言葉も互いに通じた。シヨウによれば、基本語彙の九〇%を共有しており、同じ言語の方言といってもよいようだ（Show 1986）。また、前述のように、襲撃の停止により異なる言語集団間の社会的交渉が増えた結果、どちらかの言語の単語を借用したり、外来語を共有したりすることも増えている。ノフトによれば、ゲブシの言語はもともと隣接するベダミニ語とはそれほど近い関係ではなかったが、ベダミニとの接触が増えた結果、ベダミニ化が進んでいるという（Knauft 2005）。

一番重要な準備は、通訳を兼ねたアシスタントを決めることと、荷物を運んでくれるポーターを雇うことだった。ノマッドには各集団の人びとが医療などの政府のサービスを受けたり、学校に通ったりするための、一時的、あるいは長期的に暮らす区画、いわゆるコーナーが形成されており、タカイ氏はクボとサモのコーナーでアシスタントとポーターの募集を周知してくれた。七月四日の日中に政府出張所にクボとサモの男性が集まり、英語を話すことができる人の中からアシスタントを決め、タカイ氏の推薦に従ってポーターを指名した。私のアシスタントは、ナディという二〇歳前後のシャイな若者で、のちにクボではなくサモであり、シウハマソンは初めて訪れたということがわかった。しかし、前述のように言語はほとんど共通しており、シウハマソンの人びととのコミュニケーションに不都合が生じたということはなかった。なぜ初めて訪れる集落でアシスタントをしたいと思ったのか、しばらくたってから尋ねたところ、「知らない所に行ってみたかったからだ」という答えが返ってきた。私とまったく同じである。ポーターには一人あたり約一〇キログラムの荷物を持ってもらうこととし、東大人類生態学教室で作成した灯油の一斗缶を改造した容器に重さを量りながら荷造りした。

夕食後に部屋に戻ってから、明日から一人になる私を大塚さんが気遣うようになった。「ニューギニアまで連れてきたけど、専門分野が少し違うのでお前の就職の面倒を見るのは難しいかもしれない」とのことなので、「海外調査の機会をいただいただけで充分です」と答えた。すると、「せめてお前の家族のために何かをしたい。俺もタバコをやめるから、お前も一緒にやめよう」とおっしゃった。これには感動した。タバコは一カートン持ってきていたが、それはどうしたらよいか尋ねると、もったいないのでそれを吸ってからやめろとのことだったので、それ以後は大切に根元まで吸って来るべき初めての禁煙に備えた。

翌日は午前九時半にノマッドを出発した。足元は大塚隊ではおなじみの地下足袋と脚絆である。ノマッド川

写真1-6　シウハマソンへの道。ここだけ下草が切り払われていて、写真を撮る余裕があった

には橋が架かっていないので、カヌーで何度か往復して対岸の村に着いた。ここからは、西側のサモの村々を通って行く大塚さん、口蔵さんの一行と別れ、東側からシウハマソンを目指して細い踏み分け道を北上した。ほぼ毎日のように雨が降るため道は所どころぬかるんでおり、またヒルが多く生息しており、地下足袋の隙間から入ってきて何度も血を吸われた。ヒルに血を吸われても痛みを感じないので気がつかない。休憩の際には地下足袋を脱いでヒルを引きはがした。また、クボが暮らす熱帯雨林は上空からは平らに見えるが、無数の小川が流れており起伏に富んだ地形になっている。幅が狭く流れも緩く浅い川は渡渉できるが、道から川まで二〜三メートルの高さがある場合は、橋代わりに切り倒した樹が架かっている。雨に濡れて滑りやすくなっているため、落ちないように慎重に進んだ。歩きなれない道を進んだため、シウハマソンに着いたのは午後二時頃になってしまった。

3 調査地シウハマソン

シウハマソンはノマッド政府出張所の北約一五キロメートルに位置する、クボの八つのロングハウスが集まってできた集落である。ノマッドの行政官は年に数度、各集落を巡回することになっており、各集落には行政官一行が休憩したり、宿泊したりするための小屋であるレストハウスが用意されていた。私は、タカイ氏からレストハウスの使用の許可を得ていたので、そこに住むつもりだった。ところで、シウハマソンにはレストハウスの他に、簡単な医療サービスを受けることができるエイドポストもあった。エイドポストには、治療を行う部屋の他に、医療従事者（看護師ほどの専門教育は受けておらずドクターボーイと呼ばれていた）とその家族が暮らす部屋も作られていた。しかし、パプアニューギニアでも辺境と考えられているこの地域には、任命されても赴任しない者が多くおり、シウハマソンのエイドポストも同様に空き家になっていた。集落の人びとは、レストハウスよりエイドポストの方が住み心地が良いと言うので、そこで暮らすことにした。結局、ドクターボーイは五か月間で一度だけ訪れたが、消毒薬や絆創膏などを置いただけで、すぐに帰って行った。私の滞在中はドクターボーイの代わりに、私が人びとに日本から持って行った薬を提供したので、エイドポストに暮らす資格は十分にあったと思う。

エイドポストは高床式で、内部は四つの部屋に分割されていた。入口を入ってすぐの部屋が一番大きかったので、ここを居間に決めた。その右手は二つの部屋に区切られていた。そのうちの一つに蚊帳をつって、エアマットと寝袋を置いて寝室とした。居間の奥は床が少し低い小部屋になっていた。ここで煮炊きをするというが、電気もガスも水道もないので、いろりも台所もなかった。いろりがないと水を沸かせないのでどうしたらよいかと思っていたら、人びとが二本のバナナの偽茎を縦に二つに割り、それを組み合わせて長方形の枠を作った。よくバナナの木といわれることがあるが、バナナは木本ではなく草本であり、茎のような偽茎は葉鞘が重なり合って水分を多く含んでいる。枠の中には剥がした葉鞘を何枚か重ねて敷き、その上に土を敷き詰めてあっという間にいろりが出来上がった。薪も知らぬ間に誰かが運び入れてくれた。トイレは斜面を下った所に作られていた。

アシスタントのナディにも同居を勧めたが、その当時シウハマソンで暮らしていたサモの男性のグバの家で寝泊まりをするということだった。グバは、前年の大塚さんと口蔵さんの予備調査でガイドをしていた。彼はナディと親族関係にあり、かつて軍隊で働いた経験もあった。また、西部州の州議会議員も一期だけ務めたこともあり、英語も上手だった。少し前までサモの定住集落ウォナビで暮らしていたが、前妻に暴力をふるったことでノマッドの簡易刑務所に入れられたそうだ。出所後に前妻と別れたが、ウォナビに居づらくなり、シウハマソンで母親、新たな妻、就学前の子供三人と暮らしていた。州議会議員に再挑戦するつもりのグバにとっては、この事件は大きなダメージだったようだ。サモの若者は、グバの歌を作ってはやし立てたらしい。そのことがあって、サモの集落を出てシウハマソンに来たのだろう。歌のメロディーは日本の童謡のようで、歌詞は「朝に奥さんを殴ったグバは、夜には刑務所で米とサバ缶を食べていた」というたわいのないものだった。グバの長女と長男は前妻の子で、次男は新たな妻との間の子供だった。はじめてみる異邦人に戸惑って、他の子供がなかなかなつかなかった中で、グバの子供たちはよく私の家に遊びに来た。とくに、長男のジョンは私になつき、私の後をよくついてきた。日本にいる二歳の娘の代わりに、私もジョンをかわいがった。

ところで、クボ語の体系には集落を示す固有名詞は存在しない。かつてのロングハウスはその場所の地名で呼ばれていた。そして、ロングハウスの移動は名称の変更をも意味していた。つまり、ロングハウス集落の名称はそこに生活する社会集団の名称を意味しているのではなく、単にその社会集団が立地している場所を意味しているに過ぎなかった。しかし、政府によってクボの定住化が進められる過程で、このシステムは混乱を生じている。クボの地名は、かつてその地で起こった出来事に基づいて非常に細かく命名されているが、拡大した定住集落は幾つかの地名を含んでおり、人びとはその中から代表的な地名を集落名としている。また、定住化が進められる過程でも、集落の移動は少ないながらも行われているが、その場合は人びとによって集落名称は変更される。しかし、行政側は旧集落名称をそのまま使用することが多い。同じ集団に別の名称を使うのは行政的にはやっかいなことなのだろう。調査時点では、人びとは行政側が命名した集落名称と、自分たちが名づけた集落名称の両方を、時と場合によって使い分けていた。

私が暮らした「シウハマソン」は、クボ語で「フウチョウ（極楽鳥）が集まる木のある場所」を意味し、最初に行政側と接触したときにロングハウスが立地していた、現在の集落から数百メートル離れた場所の地名である。行政側は、集落が移動した後もその名をそのまま集落名として使用していた。定住集落はロングハウスよりも広い範囲に世帯ごとの家屋が建てられている。そのため、シウハマソンが立地する場所は七つの地名を含んでおり、それぞれに数軒の家屋がある。ノマッド方面から集落に入ってすぐの場所は「ユマビ」、そのすぐ北に「オグソビ」がある。さらに、集落のほぼ中央にあたる丘は「テスタビ」と呼ばれており、これが集落をさ

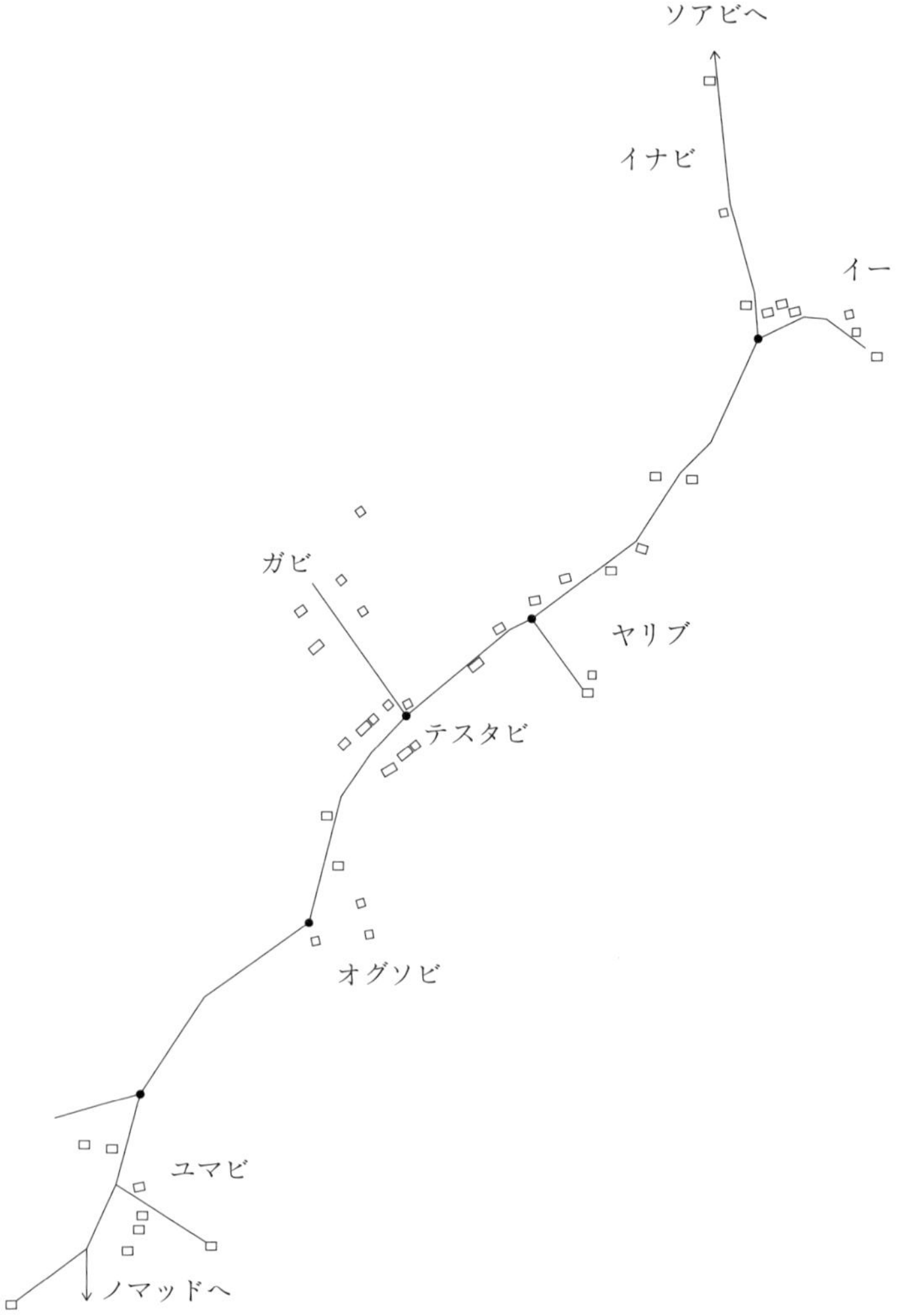

図1-1　シウハマソンの小区画概略図、□は1994年の建物の位置

写真1-7　2003年のシウハマソンの小学生。中央奥が代用教員のウォレ

す場合もある。「テスタビ」のすぐ北西には「ガビ」がある。北東には「ヤリブ」があり、私が住んだエイドポストもここにある。その北で道は二股に分かれ、北の「ソアビ」へと続く道沿いの区画が「イナビ」、東の水場と森へ続く道沿いの区画が「イー」と呼ばれている。ただし、「テスタビ」はクボ語ではなく、かつて集落のメンバーが行政官のボサビ山周辺への巡回に雑役夫として参加した折りに、印象的であったその地域の名称を、本人が居住する周辺の丘に名づけたことによる。本書では、「シウハマソン」を対象集落の名称として使用するが、ドワイヤーとミネガル（Dwyer and Minnegal 1994）は、この集落をテスタビ（Testabi）と表記している。

シウハマソンでは、一九八八年には二九世帯一一〇人前後、一九九四年には三五世帯一三〇人前後、二〇〇三年には三三世帯一六〇人前後が生活していた。前後としたのは、定住集落になった後も他集落を長期間訪問したり、他集落から移入してくる人たちがいたりするため、調査期間を通じて人口が変動するためである。一九九四年に人口が増えているのは、世帯数の増加を反映している。二〇〇三年に人口が増加したのは、自然増、すなわち出生数が増加したことによる。一三歳未満と思われる子供の数は六九人で、全人口の四割以上を占めていた。子供の数が増加したためかはわからないが、シウハマソンには低学年用の小学校が設置され、一九八八年の調査時にはノマッドの小学校に通っていたウォレが代用教員をしていた。

クボの基本的社会集団は夫婦と未婚の子供たちからなる核家族だが、その上位には父系親族集団（オビ）があり、これが外婚単位になっている。父系親族集団は、子供は父親と同じ集団のメンバーになるという原則を持っている。女性は婚姻後も親族集団への帰属は変わらない。オビにはそれぞれ名前があり、ボラ（イヌ）・シシティ（ブタ）・ディアゴソ（ツカツクリ）・トゥアディビ（カメ）などの動物、ウオ（雷）・アサシ（太陽）・ボボネ（石）・ユドゥ（石）・アワソ（土）・モグ（土塊）・セアソ（土塊）などの自然現象や自然物に由来する。オビの成員は共通の祖先に由来すると考えられているが、実際の系譜はせいぜい祖父の世代までしかたどることができず、ときには祖父母の名前すら記憶されていないこともある。一般に、親族集団には、成員の系譜関係をすべてたどることのできる「リネージ」と、成員の系譜関係をすべてたどることはできないが、トーテム等のシンボルにより同じ集団の成員であることを認識している「クラン」がある。すべての成員の系譜関係をたどることができず、親族集団の名前をシンボルとしているクボのオビは、父系クランということになる。

オビは外婚単位であると同時に、土地所有の単位でもある。前述のように、かつては五〜六家族が一つのロングハウスを形成し、移動式農耕のサイクルや利用できるサゴヤシに合わせて半遊動的生活を送っていた。各ロングハウスは婚姻や成年儀礼時の訪問等によって、他のロングハウスと社会的紐帯を形成していた。しかし、ロングハウス内でしばしば女性や資源をめぐる葛藤が生じたり、また、隣接するベダミニからの襲撃により、成員が殺されたり、伝染病で成員が死亡したりすることがあり、頻繁にロングハウスの離合集散が繰り返された。調査当時は、離合集散はクボの範囲を越え、サモやベダミニからの移入やそれらへの移出も少なくなかった。

一九八八年と一九九四年の調査時には、すべての世帯が属するオビを合わせると一七になった。二〇〇三年には、クボとは異なる父系親族集団に属するゲブシやベダミニから婚入してきた女性もいたが、中心となるオビの数はやはり一七だった。世帯数の増減は、ノマッドのクボコーナーや他集落との転出入、婚姻による独立、死亡などによる。一七のオビのうちクボの南方のテリトリーに由来するのは八、北方に由来するのは四であり、他にサモとベダミニ起源がそれぞれ二と三であった。

当時のシウハマソンでは、世帯ごとに独立した家屋で生活しているが、比較的大きな家屋を中心に、食事だけを共にするユニットが二グループみられた。前述の「ユマビ」と「ガビ」にそれぞれ住む家族である。共食ユニットは、必ずしもかつてのロングハウスを基に作られたものではなく、親族関係にない世帯も含まれていた。

シウハマソンには、サモやベダミニの集落よりかなり遅れて、一九七〇年代後半に、いわゆるキリスト教ファンダメンタリスト系のＳＤＡに所属するニューギニア人宣教師がやってきた。宣教師は集落での布教と同時に、デュサヨという名の青年を南部高地州（現在はヘラ州）の都市タリに連れて行き、ＳＤＡの教えとともに初等教育と英語を学ばせた。教育を終えて集落に帰ってきた彼は、ＳＤＡへの改宗とともに教育の必要性を説き、それ以降クボの子供もノマッドの小学校に就学するようになった（須田 一九九六）。一九八八年の調査時には村びとの約半数にすぎなかったＳＤＡはその後勢力を伸ばし、一九九四年には九割以上を占めるに至った。しかし、その後彼が死亡すると、ＳＤＡの信者は減少し、二〇〇三年には半数ほどになっていた。

クボの暮らす熱帯雨林は降水量が多く、数えきれないほどの小川があちこちにあった。人びとはその中から、水浴びの場所や飲用の水場を決めていた。私もそれにならって水浴びや水くみを行った。閉口したのは、初めのころに水浴びに行くと、村びとがぞろぞろとついてくることだった。帰れとも言えないので、みんなの前で裸になり身体を洗っていた。あとでナディに訊くと、私の髪がまっすぐなのを不思議に思い、どうやって髪をまっすぐにするのか知りたかったらしい。ちなみに、彼らの頭髪は見事な縮毛である。誰かが石鹸で髪を洗うとまっすぐになると言いだし、それを確かめに私の水浴びを見に来ていたのだ。何人かは私に石鹸を貸してほしいと言ってきた。しばらくすると、石鹸で洗っても髪の毛はまっすぐにならないということがわかったのか、水浴びについてくる人や石鹸を借りに来る人はいなくなった。シウハマソンでの散髪は文具用のハサミでナディにやってもらったが、最初はまっすぐな髪は切ったことがないので嫌だと言われた。何とかお願いして切ってもらったが、なかなか器用に坊主頭にしてくれた。

COLUMN 2

ロングハウス

シウハマソンでは、定住集落が形成されてからはロングハウスではなく、世帯ごとの家屋で生活している。これらの家屋はほとんどが長方形で、屋根付きの土間と一メートルほど高床にした居住スペースからなっており、土間には調理用のいろりが作られている。しかし、数家族はかつてのロングハウスを少し小さくした家屋で暮らしている。これらをもとに、ロングハウスの構造について説明したい。

クボのロングハウスは、ボルネオの先住民にみられるような横長のものではなく、大きな家に近い。起伏に富んだ地形を活かし、入り口は尾根筋などの地面に面しており、後部のベランダは斜面に突き出し、二〜三メートルの高さになる。正面の入り口の幅は人が一人通れるぐらいの狭さで、地面から数十センチメートルの高さまで敷居が作られている。これは、深夜や夜明け前に多かった襲撃に備えるためで、襲撃者が一度に複数名侵入することを防ぐためである。襲撃に備える工夫はロングハウスの内部にも見られる。

まず、入り口を入ったところは土間になっており、両側の壁には食料を置いたり、人が座ったりできるベンチがある。中央部にはいろりが作られ、絶えることなく火が焚かれている。クボは乾燥した竹を擦って火を作ることができるというが、着火作業は時間のかかる大変な作業なので、どの家も普段は火を絶やさないようにしている。また、畑やサゴデンプン作りに出かけるときは、火種をバナナやマリタ・パンダナスの葉などに包んで、振りながら持っていく。土間はもっぱら女性の活動する場所になっている。

土間と高床式の居住スペースは一メートルほどの高低差があり、はしご代わりに切込みを入れた丸太が

写真1-8　小型のロングハウス正面

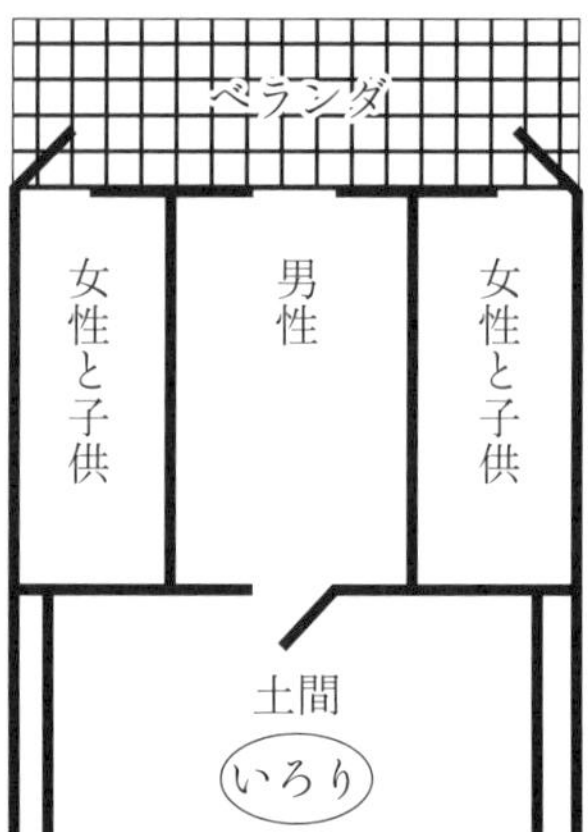

図1-2　ロングハウスの間取り

写真1-9　ロングハウスの奥にはベランダがある

立てかけてある。これも複数の襲撃者が侵入することを防ぐためのものである。居住スペースは三つの区画に区切られており、土間から入ってすぐの区画は男性の就寝スペースになっている。その両側の二つの区画は、ともに女性と子供の就寝スペースであり、居住スペースの奥にあるベランダ側の出入り口からしか入れないようになっている。襲撃があった場合は中央部に寝ている男性が敵を迎え撃ち、女性と子供はベランダから飛び降りて森に逃げ込んだという。前述のように、ベランダから地面までは二〜三メートルの高低差があり、場合によっては怪我をすることもあるが、襲撃は殺人とその後の食人を目的としたものだったので、殺されるよりは怪我をしてでも逃げた方がよいということになる。人口で劣勢なクボはベダミニからよく襲撃を受けていたというが、ノマッドにパトロール基地がおかれて襲撃の停止が求められ、すぐにその方針に従ったというのもうなずける。また、子供、とくに女児は襲撃者に連れ去られ、養子として育てられた。ノマッド周辺の諸集団の父系クランは、血統よりも共住や共食を重要視する傾向があり、共に生活する中で他のクランや言語集団に受け入れられた。また、女児は、後述の姉妹同時交換婚の際に、相手への交換要員とされることもよくあった。

ロングハウスの構造からもわかるように、クボでは男女が物理的に隔離される傾向がある。クボは男性優位社会であり、女性は男性の所有物とみなされている。他者の所有物である女性との接触は、葛藤の原因の一つとなるため注意を要する問題であった。クボが男性優位社会であることをよく示しているのは、彼らの民俗生殖観である。クボでは妊娠は、男性の精液と女性の体内の経血がまじりあうことによって起こるとされる。そして、男性の精液は胎児の骨を、女性の経血は肉や臓器を作るとされる。かつては人が死ぬと、遺体をロングハウスの近くに一年近く安置していた。いずれ遺体は腐敗し、肉や臓器は腐ってなくなってしまい、残った骨を埋葬したという。死後にも残る骨は生命の本質とでもいうべきものであり、それは父親の精液から作り出されたものである。クランが父系であるのはこうした観念が関係しており、男性性は豊穣を意味し、満ち欠けのある月がその象徴である。いっぽう、女性性は腐敗を意味し、枯死をもたらす太陽がその象徴になる。子供の骨を作る精液は体内で自然に作られるものではなく、年長の青年から受け渡されなければならない。成年式の前に、一二〜三歳の受け手の少年は、一七〜一八歳の渡し手の青年の性器を刺激し、射精した精液を皮膚に塗布された。ストリックランド・ボサビグループの諸集団にも、同様の民俗生殖観と精液の受け渡し儀礼が存在していたが（Sørum 1982など）、受け渡しの方法には違いが見られた。なお、キリスト教への改宗によって、精液の受け渡しを伴う成年式は行われなくなった。いっぽう、女性の成年式は行われていなかった。また、月経はクボ語で「家の病気」を意味しており、月経中の女性は食物獲得活動には参加せず、家で休んでいた。

4 調査を始める

シウハマソンでの調査は、まず、村びとの顔と名前をおぼえることから始まった。大塚さんと口蔵さんは、前年にサモとクボの村々を回り、簡単なセンサス調査を行っていた。その時のシウハマソンのセンサスをもとに、ナディと各世帯を回って名前を確認していった。大塚さんと口蔵さんのセンサス調査は、各村の住民の名前と、彼らの両親の名前を記録したものだった。これをもとに、兄弟姉妹の関係から血縁関係、姻戚関係をたどることができた。ただし、かつてのロングハウス生活の名残か、人びとは頻繁に他村を訪問し、そこに数週間滞在することが多かったので、住民と一時的訪問者を区別するには、シウハマソンである程度暮らす必要があった。また、ノマッドに保健所が作られ、新生児に出生証明書が交付された一九八七年以降の子供たちの年齢は記録されていたが、それ以前に生まれた人たちの年齢はわからなかった。そもそも、クボには日の出、日の入りにもとづく一日や、月の満ち欠けにもとづく一月という概念はあるが、はっきりとした季節がないため一年という概念はなかったからである。そこで、出生順にもとづく相対年齢を調べようとしたが、八つのロングハウスが集まって出来たシウハマソンでは、出生順を比較することも難しかった。名前を書いたカードを全員の数だけ作り、自分が誰より先に生まれたか、誰より後に生まれたかを質問してみたが、答えはバラバラで出生順を確定することはできなかった。

ところで、前年のセンサスや私の作成したセンサスに記載されている名前は、すべて人びとが自己申告した仮名である。クボは、人に呼び掛ける時には自分と相手との関係に基づいた親族呼称を使用する。親族・姻族関係にない場合には「友人」と呼びかけ、それ以外は敵となる。日常生活の場面で個人の名前を使うことはまったくないといってもよい。かつてのロングハウスでの生活では、日常生活で関わる相手はほとんどが親族であり、親族以外の訪問者の中にわずかに「友人」が含まれていた。しかし、シウハマソンのような定住集落で暮らすことになってからは、「友人」と関わることが多くなった。

個人の本当の名前は両親や兄弟姉妹など、ごく限られた身内にしか明かされない。これは、名前を知られることによって邪術を掛けられる恐れがあるからだ。そこで、人びとは本当の名前の他に、適当な名前を子供に付け始めた。これらの名前は、わざと汚い名前を付けて悪霊を近づけないようにするといういわゆる「辟邪名《へきじゃめい》」に近い。たとえば、一九九四年にしばしば調査を手伝ってくれた青年の対外的な名前は「オソサヤ」といったが、それは皮膚病の一種を表している。また、父親が適当な地名を子供に付けることもある。一九九四年と二〇〇三年にアシスタントを務めてくれたのは、「キマダ」という名前で登録されていたが、この名前は父親が訪れた他集団の集落の地名に由来している。この二人からだけは本当の名前を教えてもらった。

ノマッドにパトロール基地ができてからは、行政的理由から政府が人びとを登録するという事態が生じた。後には小学校での教育が始まり、やはり名前の登録が必要になった。そのため、この適当な名前、いわば仮名がよく使われるようになった。また、私が調査を始めた頃から、若者を中心にこの対外的な名前の発音に近い英語風の名前を自称するものが増えた。たとえば、「オソサヤ」は「オスカー」、「キマダ」は「ギブソン」といった具合である。以上のような理由から、本書に登場するクボの人びとの名前は、すべて自己申告による仮名であることをお断りしておく。

人びとの顔と名前をなんとか覚えてから、食物獲得活動の調査を始めた。誰が何時にどこに何をしに出掛けたか、何時に帰ってきて何をどのくらい持ち帰ったかを計測し、記録した。重量の計測には、最大計測重量の異なる四本のバネばかりを使った。また、それぞれの活動がどのように行われているのかを知るために、人びとに同行してその活動を記録した。二つの調査を同時に行うことはできないので、二週間ごとに交互に記録をつけた。それぞれの活動を具体的に把握できるようになってから、一週間ほど食物摂取の調査も行った。詳しい方法は後述するが、すべての人びとが摂取した食物を計量することはできないので、数軒の世帯に協力をお願いし、調理前に食物を計量し、誰が食べたかを記録した。その他に数回、集落の人びと全員を対象に、食物獲得活動だけではなくすべての行動を記録する時間利用調査も行った。さらに、社会組織や親族関係、婚姻、呪術などについての聞き取り調査を並行して行った。また、私自身の調査の他に、マレー湖からノマッド地域に入り大塚さんのベベロビ、口蔵さんのギウォビで健康調査を済ませた遠山さんと本郷さんが八月上旬にやってきて、シウハマソンでも調査を行った。収集したサンプルは尿と毛髪で、その他に血圧と握力も計測したので、二人の調査のお手伝いをした。その他に、大塚さんと口蔵さんの前年のセンサスデータをアップデートするため、近くの集落をいくつか回った。

遠山さんたちが帰った後、大塚さんがベベロビからシウハマソンに立ち寄った。これからノマッドへ出て、そこから飛行機を乗り継いでかつての調査地である西部州沿岸部に近いギデラの人びとの居住地に行くとのことだった。ついでに、私のビザの延長もしてくれることになった。ギデラの村の行き帰りに西部州の州都であるダルーに立ち寄るので、何か必要なものがあれば買ってくるとおっしゃった。タバコはいらないのかと訊かれたので、私が「タバコをやめようと思っている」と言ったら、「我慢ばかりしていたらストレスが溜まるから、無理をしなくてもよい」とのことだった。ひょっとしたら、禁煙宣言を忘れてしまったのかもしれない。私は、少しずつ吸っていた残りのタバコがなくなってからは、お土産用に持って行ったパプアニューギニア製の安いタバコの塊（ブラックタバコという名で、数枚のタバコの葉を香料などで固めたものが数十本まとめてあり、少しずつ削って、新聞紙に巻いて吸う）を時々吸いながら禁煙を目指していたが、大塚さんの言葉に従い、禁煙をやめることにした。また、持ってきたカメラが壊れたというので、私が持ってきた頑丈なカメラを短期間お貸しした。返していただいた時には写真に写しこむ日付の年が'89になっていた。しばらく気づかずに使っていたので、何枚かはそのまま'89年の日付になってしまった。本書に載せた写真の中にも'89年のものがあるが、その理由は以上のことによっている。大塚さんは八月下旬に、河辺さん、稲岡さんを連れてノマッドに戻られた。

調査期間のほぼ中間にあたる九月一五日は、パプアニューギニアの独立記念日だった。ノマッド周辺の人びとの多くは政府出張所の近くの、それぞれのコーナーに泊まってスポーツやコントなどの行事に参加した。私たちもノマッドに出て、一週間ほどタカイ氏の家に居候しながら記念行事の見物をしたり、出張所に残っているかつてのパトロールオフィサーが記録した巡回レポートを書き写したりした。この一週間は毎日米を食べるなど、ちょうどよい中休みになった。その後、九月末に大塚さんが帰国し、一〇月二五日に河辺さんと稲岡さんもノマッドからマヌス島へ向かったため、それ以後はノマッド地域に残っているのは私だけになった。

第2章

クボの資源利用を測る

クボの食物獲得活動の中心は、バナナを主たる作物とする移動式農耕とサゴヤシの髄からのデンプン精製である。後述する食物摂取調査によると、一九八八年では、成人男性一人あたりに換算した一日の摂取量のうち、エネルギーの約五〇%をバナナから、約四〇%をサゴデンプンから摂取していた。その他に、おもに弓矢を使った狩猟や、道具を使わない採集、河川での漁撈で野生の動植物を入手していた。本章では、これらの活動がどのように行われているのかを記述した後、それらの活動にどのように時間を割り振っていたのかについての調査結果をまとめる。そして、それらの活動の結果として得られた食物の摂取と、二度目の調査の結果を比較して、そこから見られる変化について考察する。

のちにマレーシアで調査をした時、生態人類学の調査方法について口蔵さんは「長さがあれば長さを測る、重さがあれば重さを測る、動きがあれば時間を測る」とおっしゃった。本章の時間利用と食物摂取の節は、このモットーに従って記録したものである。

1 食物獲得活動

1……サゴデンプン作り

シウハマソンの人びとは、集落からおよそ半径約五〜六キロメートル以内の土地を農耕やサゴデンプン作りなどの食物獲得活動に利用していた(須田 一九九五a、一九九五b)。ここには多数の小川が流れており、小川沿いの湿地にサゴヤシ（*Metroxylon* spp.）が生育している。サゴヤシは一〇〜一五年で樹高一〇〜一五メートルほどになるヤシ科の植物である。ココヤシなどとは異なり、一生に一度だけ開花・結実するという特徴を持っており、その直前まで幹の中に豊富なデンプンを蓄える。これを水さらしなどの方法で抽出し、食物として利用する。しかし、結実した後はデンプンが変質するので、食物としては利用できなくなる（大塚 一九七七）。側枝は移植することが可能だが、シウハマソンでは移植したサゴヤシも野生のものも利用していた。また、サゴヤシは通年利用が可能であり、生産性も高く、数週間保存ができるという利点を持っている（Townsend 1974）。なお、サゴデンプン作りに関しては、次章で詳しく説明する。

2……移動式農耕

クボの畑は、広義の意味では焼畑に分類されるが（佐藤 一九九九）、火入れはさほど重要な意味を持っていない。その手順は、まず下生えを切り払い、その後にバナナ（*Musa* spp.）の吸芽を植え付け、吸芽がしっかりと根付いた後で耕地の大木を切り払う。下生えを切り払う際に火入れが行われることもあるが、頻度は少ない。大木はそのまま放置され、後に薪として利用された。植え付けの後に切り倒された大木は、バナナの吸芽に倒れかかってそれを損なうことも考えられるが、その割合は一割程度であり、むしろ、降雨（年間約四〇〇〇〜六〇〇〇ミリメートル）による表土の流出を防ぐ効果があると考えられる（Schieffelin 1975）。畑にはバナナの他にアビカ（*Hibiscus manihot*）やピトピト（*Setaria palmifolia*）などの野菜や、少量ではあるがタロ（*Colocasia esculenta*）や、パプアニューギニアでタロコンコンと呼ばれているアメリカサトイモ（*Xanthosoma sagittifolium*）、ヤム（*Dioscorea* spp.）

写真2-1　斜面に作ったバナナ畑

エレファントフットヤム（*Amorphophallus paeoniifolius*）、キャッサバ（*Manihot esculenta*）などの根茎類も栽培されていた。また、一九九四年には政府が奨励した青梗菜の仲間のパクチョイ（*Brassica rapa* var. *chinensis*）も栽培されていた。政府は現金収入源となる換金作物として導入したのだろうが、交通網が整備されていないシウハマソンでは、ノマッドのローカルマーケットの他に販路がなく、そのほとんどは自給のために消費されていた。

ニューギニアでは、野ブタが作物、とくに根茎類を荒らすのを防ぐために、木製のフェンスで畑を囲うことがよく行われている。しかし、クボの畑はバナナが中心であるため野ブタの被害を受けることはないので、フェンスは作られていなかった。なお、畑は村のすぐそばではなく、村から徒歩で二〇分から一時間程度の距離の斜面に作られることが多かった。

クボでは六〇品種以上のバナナが知られており、一つの畑には一〇品種以上のバナナが植えられていた。

品種により果実の大きさや形状、重さや数が異なっているが、もっとも重要なのは、品種による結実期間の差異である（Kuchikura 1995）。結実期間は植え付け後、約半年から一年半以上に及ぶ。異なる品種を植えることで、結実期をずらしながら収穫期の長期化を図っていると考えられる。植え付け後のバナナは、結実期に一度だけ結実した後枯死するが、同じ根から吸芽を出し、それが引き続き生長して結実するため、数年間の利用が可能ではある。しかし、収穫量は急激に減少し、また、下生えが生長して作業が繁雑になるため、一度収穫した後には放棄されていた。その後は二五〜三〇年程度の休耕の後、同一の土地が循環的に利用される。

また、上記のバナナ畑の他に、一九八八年には二世帯でサツマイモ（*Ipomoea batatas*）が耕作されていた。サツマイモ畑は、バナナ畑とは異なり、村の中の住居の周辺に作られていた。サツマイモは、SDAによりタリで教育を受けた青年デュサヨが持ち帰ったもので、タリ周辺に住むフリの方法をまねて土盛り（マウンド）に植えられるが、フリの方法のように洗練されたものではなく、生産性も低かった。なお、サツマイモを耕作していたのはSDAの布教に熱心なデュサヨと、シウハマソンに一時的に身を寄せているサモの男のグバだけだった。

一九九四年の調査時には、新たに五世帯がサツマイモの耕作を始めていたのに加え、ほとんどの世帯で、タロを主たる作物とする畑を作っていた。この畑は、バナナ畑がおおよそ四〇アールの面積であるのに対し、その四分の一から五分の一の面積にすぎないが、野ブタによる被害を避けるため、フェンスを周囲にめぐらせなければならないなど、手間のかかるものである。一方、休耕期間は一〇年程度であり、耕地には三〇メートルを越えるような大木はなく、下生えと樹木は伐採の後二〜三か月乾燥させて、火入れを行い整地していた。

畑の主作物であるバナナは、熟す前のまだ青いうちに収穫し、おもに焼いて食べられていた。鍋を持っている世帯は少ないので、バナナなどの作物は焚火の上にじかに置き、焼けたら焦げた皮を木や竹のヘラでこそげ

写真2-2　直火でバナナを焼く

写真2-3　サゴオサゾウムシの幼虫をサゴデンプンと混ぜて蒸し焼きにする

写真2-4　弓矢でしとめた若いノブタ

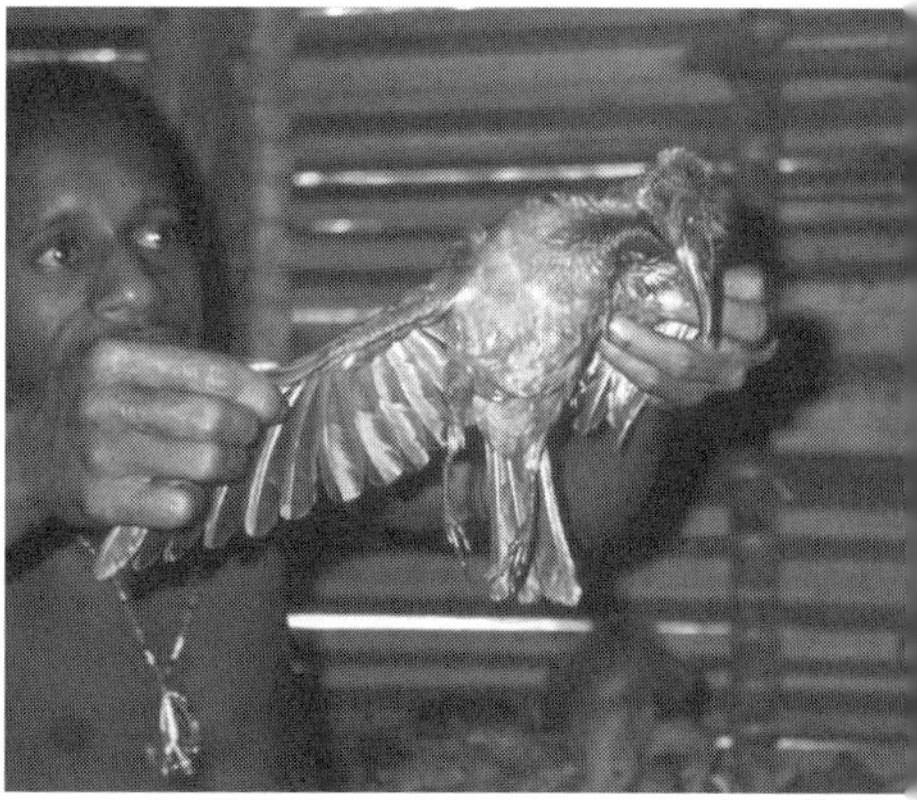

写真2-5　獲物の小鳥

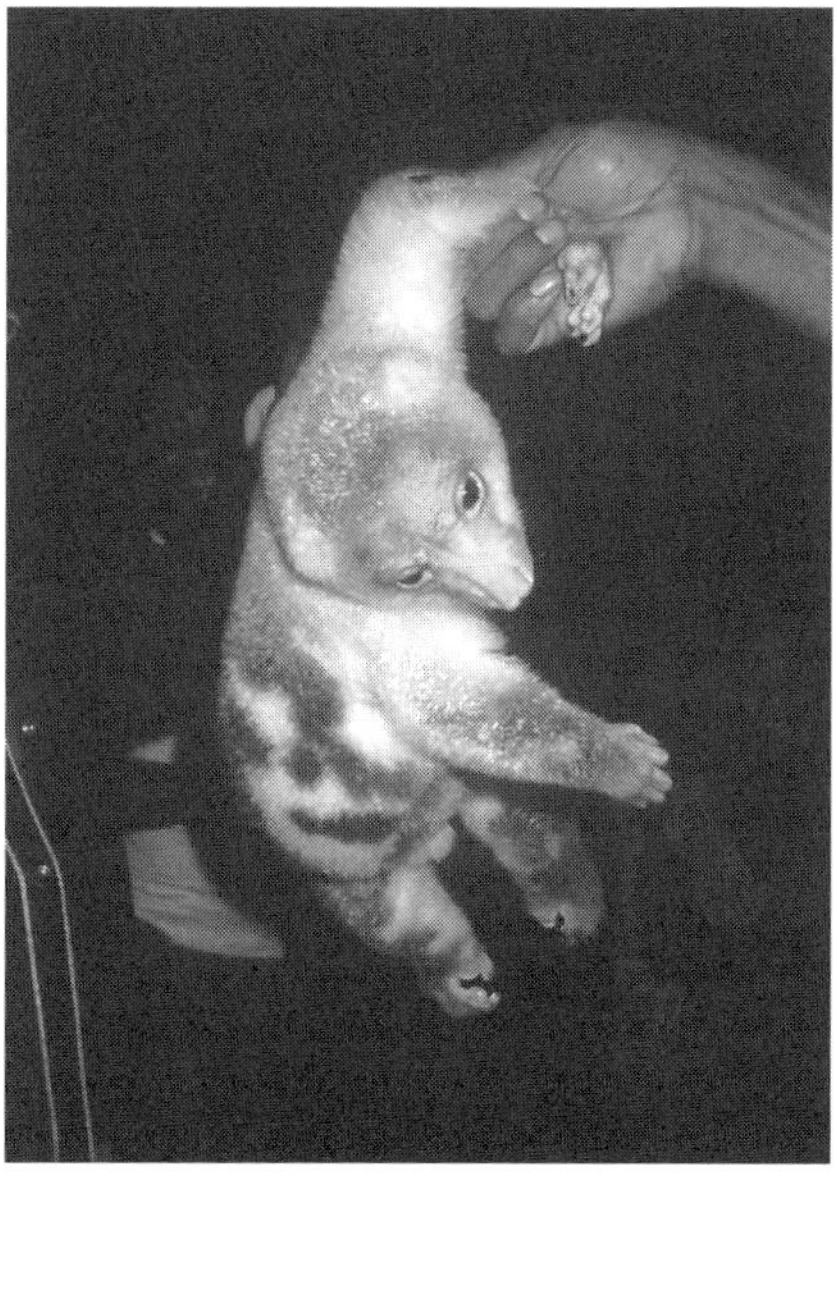

写真2-6　昼に寝ているところを捕まえたクスクス

落としして食べていた。サゴデンプンと同様に、塩などの味付けは一切しなかった。シウハマソンに着いた時に、住民からもらってはじめてクボ流焼バナナを食べたが、その味は日本で食べていた甘いバナナとはまったく異なっていて、少々混乱した。また、アビカやピトピトなどの野菜類はバナナの葉に包んで、焚火の上に載せ、蒸し焼きにして食べていた。

3……野生動植物の利用

バナナや根茎類、サゴデンプンは高エネルギーであるがタンパク質に乏しい。クボはこれまで、タンパク質を野生動物の利用で補ってきた。主要な狩猟方法は個人による弓矢猟で、おもに野ブタ（*Sus scrofa*）やクスクス（*Phalanger* spp.と*Pseudocheirus* spp.）などの哺乳類（真獣類と有袋類）、ヒクイドリ（*Casuarius casuarius*）や小型の鳥類が捕獲対象になっていた。ヒクイドリという和名は、赤い肉垂が火を食べているかのように見えたことにちなんでいる。野ブタやヒクイドリ猟の場合には、森の中で足跡やその他の痕跡（ヌタ場など）をたどって獲物に接近し矢を射るのが一般的であり、獲物の追跡や追い立てに犬を利用することもあった。弓身は野生のヤシの一種のブラックパームから、弦は竹を細く割いて作られていた。矢柄には細い竹を使い、鏃《やじり》にもブラックパームが使われる。狩猟対象によって鏃の形状は異なっており、鳥類には細長いもの、野ブタには扁平で幅のあるものが使われた。なお、かつての戦闘の際にも野ブタ用の鏃が使われたという。小型の鳥類は、高い木の上部に枝や葉で隠れ場を造り、そこに隠れて近くにとまった獲物を弓矢でしとめていた。時には朝から夕方まで隠れ場に潜んで、数羽の小鳥を捕獲していた。

弓矢の他に丸太で作った野ブタを対象とする落とし罠や、針金製の罠も仕掛けられていたが、一九八八年の設置数はそれぞれ二基と一基であり、頻度は多くなかった。また、散弾銃も導入されつつあるが、散弾を購入するのがきわめて困難なため、これもめったに行われることはなかった。夜行性のクスクスは、昼間にねぐらである木のウロを探し手づかみで捕まえることもあった。

一九八八年の調査期間中、頻繁に捕獲された小型の鳥類を除くと、二二頭の野ブタ、三羽のヒクイドリ、二匹のクスクスが捕らえられたが、そのうちの六割は弓矢猟によるものであった。野ブタは、二キログラムほどの幼獣から五〇キログラムを超える成獣が捕獲された。また、クスクスは約三キログラムの成獣だった。ヒクイドリはいずれも散弾銃を使用して捕獲され、獲物の一部しか持ち帰られなかったので、体重を測定することはできなかった。フェンスで囲い込まないバナナ畑でわずかではあるが栽培されている根茎類が、野ブタを引きつけている可能性も否定できない。捕獲された野ブタのうちの何頭かは、バナナ畑で見つけられて、追跡された後に仕留められたものだからである。

ところが、一九九四年の調査時には、人びとの狩猟活動への時間配分は極端に減少していた。これは、人びとのほとんどがSDAに改宗していたことによる。SDAは前述のようにキリスト教原理主義を奉じており、新約聖書のみならず旧約聖書も教典として重要な位置を占める。そのため、旧約聖書のレヴィ記に書かれている食物規制を厳守することがもとめられている。その結果、かれらの主要な狩猟対象であった野ブタは食物リストから除外されたほか、クスクスなどの有袋類も食べることができなくなった。そのために、狩猟対象はほぼ鳥類のみに限定され、狩猟はその重要度を低下させることになった。

また、この地域を縦横に流れる無数のクリークでは、釣りやモリ漁、魚毒漁などで、ナマズ類、ザリガニ

写真2-7　ザリガニも貴重なタンパク源である

(*Cherax communis*) などが捕獲され、タンパク源になっていた。さらに、森の中では、シダ類やガリプ（カナリウム）ナッツ (*Canarium kaniensis*) など野生の植物が採集された。そのほかに、ツカツクリ (*Talegalla fuscirostris* 及び *Megapodius freycinet*) の卵やサゴオサゾウムシ (*Rhynchophorus* spp.) の幼虫、ヘビやトカゲなどのは虫類が捕獲され、人びとの食物となっていた。しかし、狩猟に見られた変化と同様、ＳＤＡの食物規制の受容により、一九九四年には、これらの野生動物はほとんど捕獲されなくなっていた。

そもそも、ニューギニア島はオーストラリア大陸とともに、真獣類、すなわち有胎盤の哺乳類が登場する前に他の大陸から分かれてしまったため、陸生の哺乳類は有袋類と単孔類のみが生息していた。クボの暮らす熱帯雨林では有袋類のクスクスやバンディクート（種同定できず学名不明）がそれにあたり、時おり捕獲された。唯一の固有真獣類であるコウモリも狩猟対象であった。野ブタは、今から三千年ほど前にオセアニアへの移住の第二波としてニューギニアにやって来た、オーストロネシア語を話す人びと、すなわちオーストロネシアンが持ち込んだものが野生に戻ったと考えられるが、見た目はイノシシと変わらない。いっぽう、肉食の真獣類がいない森の中には、多くの種類の鳥類やは虫類が生息している。とくに、鳥類ではダチョウのような走鳥類であるヒクイドリや、世界最大の鳩であるカンムリバトなど、固有種が多数生息している。写真2―8のムネアカカンムリバト（*Goura scheepmakeri*）は体重が二・五キログラムもあるためほとんど飛ぶことはない。危険を感じた時にのみ、高さ二メートルほど、距離三メートルほど飛び上がるだけである。ツカツクリという鳥も変わった習性を持っている。

写真2-8　世界最大の鳩カンムリバト

親鳥はニワトリくらいの大きさで、産み落とした卵の上に枯れ枝や落ち葉を集めて高さ約一メートル、直径数メートルの塚を作り、抱卵せずに塚の素材の発酵熱で卵を温める。孵化には日数がかかるため、その間の栄養分を黄身として豊富に蓄えている。私が計測した卵の重さは一五〇～二〇〇グラムであり、鶏卵の数倍はあった。ゆで卵にするとたいへん美味しかった。

野ブタなど比較的大きな獲物が集落に運び込まれると、人びとは広場に集まり解体作業を見まもる。解体された獲物はすぐに石蒸にして人びとに分配されるか、燻製にしてノマッドのローカルマーケットで役人などに販売される。一九八八年の調査時には二二頭の野ブタのうち、一二頭の野ブタのすべてまたは一部が売られた。さらに、二頭のクスクスのうち一頭、三羽のヒクイドリのうち一羽も同様にして売られた。ローカルマーケットでは燻製肉が売られることが少ないので、持っていくとすぐに売り切れてしまう。

誰がどこで狩猟、採集、漁撈をするかは、原則的にはその世帯が所属するオビ（父系親族集団）の土地所有に関わっている。しかしながら、畑の場合と同様に、土地を所有しない世帯の成員は、土地所有世帯の成員に了解を得ることでこれらの活動を行っていた。

植物や小動物の採集や漁撈の場合、収穫物は採集あるいは捕獲した者の所有になるが、狩猟の場合の所有権は異なっている。このことは、クボにおける狩猟の重要性を示唆しているのかもしれない。まず、弓矢猟では、クスクスや小鳥などの小動物を除き、獲物を仕留めた狩猟者ではなく、捕獲した場所の土地所有者が獲物の所有者になる。狩猟者は獲物を持ち込んだ後は、解体の現場から姿を消し後の処理を所有者にゆだねる。所有者は狩猟者に分配する部位と量を決めた後、残りを人びとに分配するかあるいはノマッドで販売するかを決定する。人びとへの獲物の分配は細心の注意を払って行われる。その時集落にいて、その獲物を食べることができる者（すなわち、SDA信者以外の者）に対して、平等に分配が行われるのである。

罠猟では土地所有に関係なく罠の持ち主が獲物の所有者になる。所有者以外のものが、罠の近くをたまたま通りかかった場合、獲物を捕らえて集落に持ち帰ることもあるが、その場合も獲物の所有者は罠の所有者になる。一方、散弾銃による猟の場合には、狩猟者や銃の所有者ではなく、散弾の提供者が所有者になる。この場合も捕獲場所の土地所有は考慮されない。散弾の購入には当然のことながら現金が必要であり、貨幣経済がほとんど浸透していないシウハマソンにあっては、購買力を有する者はきわめて少なく、そのことが散弾銃による猟の所有権の設定に影響しているようである。

また、いずれの猟も、獲物のすべて、または一部をノマッドのローカルマーケットで販売する場合には、獲物の所有者だけではなく、獲物の運搬者が売上金の一部を入手する権利を持つ。この場合には、片道二時間以上かけて獲物を徒歩で運ぶという行為に対して所有権が設定されているようである。

以上のように、所有者が獲物を独占することはなく、狩猟に関わらなかった世帯の人びとも、分配により肉を入手し、さらには、獲物を販売することも可能になっていた。つまり、野生動植物の利用においては、土地所有が直接関わることはほとんどなく、あらたに集落に転入してきた人びとに対しても、その生活を保障するメカニズムが機能していると考えることができる。この点は後ほど詳しく論じる。

捕獲した動物の肉は地面の穴で石蒸にしたり、焚火の上で焼いたりして調理する。どちらの場合も、塩などの味付けはしない。仕留めた後に調理までに時間がかかると肉に臭みが出てくるが、解体直後に調理するとどの肉も美味しく食べることができた。肉は、人びとと同じく私にも分配された。私はクボ流の調理法ではなく、持って行ったコッヘルを使い、塩や粉末醤油、砂糖などで味付けし、弱火で柔らかく煮込んで食べることが多かった。

4……家畜飼養

ニューギニアでは高地を中心にブタの飼養が一般的だが、シウハマソンではブタはまったく飼われていなかった。SDAの信者がいないクボやサモの村では、ブタを飼育している世帯もあるようだったし、シウハマソンでもかつてはブタの飼育を行っていた。しかし、一九八〇年代の成年式の際にすべて消費して以来、再び飼われることはなかった。これは、SDAの影響によるところがおおきい。改宗者がそれほど多くなかった段階

写真2-9　檻から逃げ出したヒクイドリ（カソワリ）

でも、非改宗者はＳＤＡ信者を気にして、狩猟によって集落に運び込まれる野ブタは別として、集落の中でブタを飼育することをためらうようになっていた。ただし、ブタが飼育されていた頃でも、その消費は成年式などの儀礼時に限定されており、日常の食物摂取にはそれほど貢献していなかったと思われる。

　調査時に飼われていたのはニワトリとヒクイドリの二種である。政府によって導入されたニワトリは多くの世帯が放し飼いをし、まれにココヤシの実の削りかすを給餌するほかには取り立てて世話をしていなかった。また、卵を食べる習慣もなく、産み落とされた卵はそのまま孵化するにまかせていた。そのためか、ヘビや犬によって、ニワトリや卵が被害にあうことも多かった。ヒクイドリは、森の中で孵化しそうな卵や生まれたばかりのヒナを持ち帰って餌付けし、刷り込み行動を利用して人慣れさせて飼っていた。大きくなると、住居のわきに檻を作ってその中で飼っていた。餌はパパイヤや甘い品種のバナナなどの果実を与えていた。ヒクイドリの世話は、もっぱら女性が行っていた。一度、飼っていたヒクイドリが檻から逃げ出したことがあった。ヒクイドリの脚の鉤爪は鋭く、刺されると大けがをするので、ヒクイドリが集落内を闊歩していた時には近づかないように注意された。結局、逃げた二日後に餌に誘われて檻に戻った。

　ニワトリやヒクイドリも日常的な食物ではなく、儀礼時にのみ消費されていた。新たに導入されたニワトリの場合、所有者と消費者の関係が問題にされることはないが、ヒクイドリでは飼育者とその家族が自分のヒクイドリを食べることは禁じられていた。これは、飼育方法の違いにより、ヒクイドリに対しより親密な情動的つながりを感じるためと考えられる。自分が食べるヒクイドリは、必ず他者が育てたものでなければならなかった。一般的には、ヒクイドリの消費を伴う儀礼が企画されたときには、自分のヒクイドリを他者のそれと交換してから食べるようにしていた。次のコラムで述べるように、かつては同様の習慣がブタについても行われていたという。

COLUMN 3

トンガ王国の家畜飼養

「はじめに」でも触れたように、一九九〇年代後半からは南太平洋ポリネシアのトンガ王国にも出かけ、漁撈活動を中心とした調査を行った（須田 二〇〇六）。クボと直接比較できる定量的データは集めなかったが、家畜飼養とその利用の仕方はきわめて好対照だった。クボが暮らすニューギニア島もトンガ王国も、オセアニアという地域に含まれる。オセアニアは、オーストリア大陸と島嶼部のメラネシア・ミクロネシア・ポリネシアという地域区分がなされてきた。ニューギニア島はメラネシア、トンガはポリネシアという区分になる。しかし、最近ではオセアニア地域への人の移動の歴史と地理的条件から、ニアオセアニアとリモートオセアニアに区分されることも多くなった。オセアニアへの人の移動の第一波は、約五万年前から

写真2-10　ブタは夕方から朝までトタンで囲まれた場所で過ごす

一万年前にかけてのことである。スンダランド（陸続きになった東南アジア島嶼部）から、当時は陸続きだったオーストラリアとニューギニア、さらにはソロモン諸島などの島々に移動していった。これらの地域をニアオセアニア（近いオセアニア）と呼んでいる。第二波は、およそ三五〇〇年前からはじまり、東南アジア島嶼部から、ニューギニア島を通りメラネシアの残りの島々やポリネシアに移動していった。この時、彼らは土器や栽培植物（タロ・ヤム・クワズイモなど）、家畜（ブタ・ニワトリ・イヌ）をカヌーに積んでいた。これらの島々をリモートオセアニア（遠いオセアニア）と呼んでいる。この区分に従うと、ニューギニア島はニアオセアニア、トンガはリモートオセアニアということになる。

二〇〇一年から二〇〇三年まで調査を行ったトンガ王国ハアパイ諸島ハアノ島のハアノ

写真2-11　村の道をのどかに馬車が通る

村は、バナナや根茎類を主作物とした農耕や漁撈活動が生業活動の中心だが、ほとんどの世帯がブタ、イヌ、ニワトリを放し飼いにしており、いくつかの世帯はウマやヤギを飼っていた。ブタやニワトリ、ヤギなどは食用のために飼われているが、日常の食卓に上ることは少なく、年に数回あるキリスト教に関連した共食儀礼などの時に食べられるのみである。イヌは基本的には番犬として飼われているが、まれに食用とされる。また、ウマは馬車などの運搬用に利用されているが、葬儀では多くの会葬者に供するために屠畜されることもある。

私が居候させていただいたシオネ家では数頭のブタと数羽のニワトリを飼っており、その他に番犬としてブロトゥという名前のイヌを飼っていた。ブロトゥはすぐに私たちにも慣れた。それぞれの家の敷地はひろく、家々はゆったりと並んでいた。ブタもニワトリも日中は放し飼

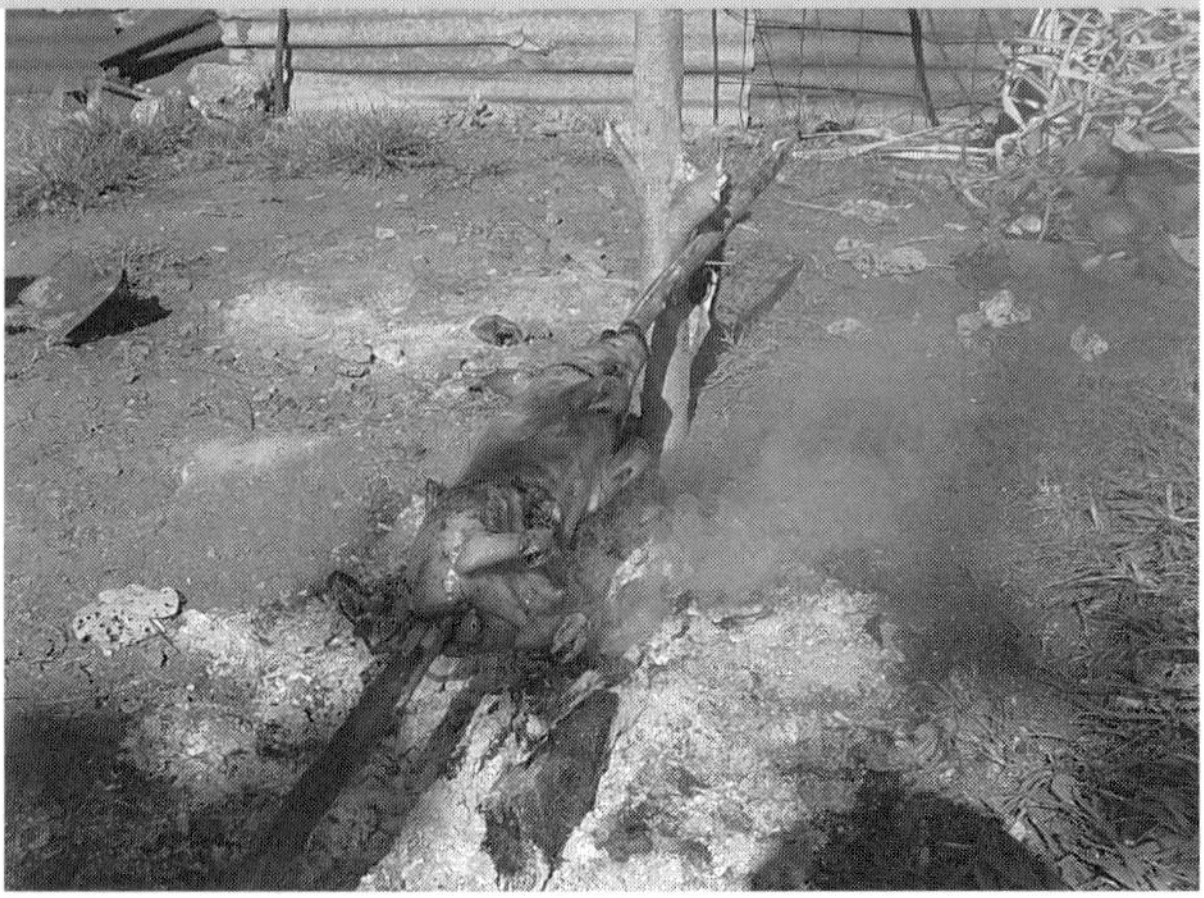

写2-12　さっきまで逃げ回っていた仔ブタを丸焼きに

いで、ブタは夕方には敷地の囲いの中に誘導され、朝と夕方の二回、人間の食べ残したイモや、ココナツミルクを作るために削って絞った後のココヤシの胚乳を餌として与えていた。ニワトリはとくに餌は与えられず、ココヤシの胚乳を削る時に地面にこぼれた削りカスなどを勝手についばんでいた。村の中央にはハアノ島の四つの村を結ぶ未舗装の道路が通っており、ときおり馬車が通りすぎていった。村境の道路には柵がおかれていたが、鍵などはなく自由に通ることができた。この柵は、ブタが村を出て、畑を荒らすことを防ぐ目的で作られていた。

　ハアノ村でのブタは、婚資や葬儀における交換財として重要な役割を担っている。また、急な出費がある場合には、飼っているブタを売って現金を得ることもよくある。食料としても、儀礼時のご馳走として仔ブタの丸焼きは欠かせない存在だ。数時間かけてじっくりと焼き上げた仔ブタの丸焼きは、皮がパリパリで肉は柔らかく大変美味しい。シオネ家でも、我々が帰る前には必ず作ってくれた。仔ブタの丸焼きには、自分の飼っているブタを屠畜する。囲いの中にいる朝のうちに目星をつけ、囲いの隅に追い込んでナタなどで殺し、手早く解体する。自分の飼っているブタを殺すことにいっさいためらいはみられない。クボとは大きな違いである。

ほとんどの世帯は、シオネ家のブロトゥのように番犬を飼っていたが、見慣れぬ私たちに向かってよく吠えたて、うなり声をあげながら追いかけてくることもあった。そのような時には、ブロトゥが駆けつけて私たちを威嚇している他家のイヌを追い払ってくれた。ところが、二〇〇二年に訪れると、ブロトゥの姿が見えない。シオネ家の末っ子のマフィに訊いてみると、他家の飼っている仔ブタに噛みついて殺してしまったため、シオネが怒って殺してしまったということだった。トンガでは飼い犬を食べることもあるということは聞いていたので、殺したブロトゥをどうしたのか再び訊いてみると、やはり、蒸し焼きにして家族で食べてしまったということだった。食料として飼っているブタを自分で屠畜して食べることにはそれほど違和感を持たなかったが、番犬として飼っていたイヌを家族で食べたという話には少々驚いた。現代の日本では考えられないことかもしれないが、イヌもウマも食料と考えるトンガでは当たり前のことなのだろう。

一緒に調査をしていた京都大学の片山一道さんによると、ポリネシアのイヌはおそらくはじめから食用として連れてきたのではなく、ニューギニアでもよく見られたように、狩猟を手伝わせる目的でカヌーに乗せてきたのではないかとのことだった。しかし、リモートオセアニアの島々には、狩猟対象となるような陸生の動物性食物資源がほとんど生息しておらず、番犬としての役割くらいしかなかったのだろう。その後、イヌも食物リストの仲間入りをしたのだと思われる。リモートオセアニアの島々では、イヌを食べる習慣があるところも多い。

クボでは、トンガと同様に食物摂取にはそれほど貢献してはいないものの、ブタやヒクイドリが飼育されていた。しかし、シウハマソンではSDAへの改宗が進み、調査時にはブタの飼育は行われていなかった。人びとによると、改宗以前の一九八〇年代半ばまでは、現在のヒクイドリと同様に、ニューギニアの他の集団と同じく、家畜家畜飼養の中心はブタだったという。ブタの世話は、現在のヒクイドリと同様に、おもに女性が行っていた。授乳中の女性は、小さな飼いブタを赤ん坊と一緒に紐のバックに入れて運び、赤ん坊と仔ブタの両方に授乳をしていたという。こうして育てたブタはいわば家族の一員であり、自分たちで食べることはけっしてなかった。儀礼などでブタを食べる必要がある時は、自分が飼っているブタを他者のブタと交換して利用していた。前述のように、この習慣は現在のヒクイドリにも適用されている。

現代の日本では、家畜の飼育と屠畜・解体、販売は分業化されており、誰が育てたブタを誰が食べるかということはまったく意識されない。スーパーでパック詰めされたブタ肉を購入する時には、それが少し前まで生きていたブタの一部であるということを考えないことが多いのではないだろうか。その一方で、イヌやネコなどをペットとして飼う家庭は多い。ブタやウシなどの肉食が解禁された近現代の日本では、家畜は食用、ペットは愛玩用として飼われ、その区別は明確である。ペットを食用にすることは考えられない行為だろう。少し前に、小学校で食用にする目的でブタを飼っていたが、育てているうちにブタに情が移り、いざ食用にするという時にそれに反対する児童が続出したという話が話題になった。この話は書籍として出版され、のちに映画にもなった。食用と愛玩用の区別がはっきりしている日本では、さもありなんと思われる。この感情は、クボの家畜飼養に近い。

いっぽう、トンガでは食用と愛玩用（番犬）、あるいは運搬に使用する家畜に区別がなく、周りにある家畜はすべて食用となる可能性がある。そもそも、トンガに生息する哺乳類や家禽類は、ネズミを除けばすべて人間が意図的に持ち込んだものである。陸生の食用野生動物がいないトンガでは、飼育する過程で家畜に情が移るということは、資源としての家畜の利用を諦めることを意味する。はるばる遠くから連れてきたブタやイヌ、ニワトリを食用として利用するには、飼育する家畜への愛情は不要なものでしかなかったのだろう。

2 時間利用

1……調査方法

人びとは、前述の食物獲得のための活動にどのくらいの時間をかけていたのだろうか。また、それぞれの活動には性差や年齢差は存在するのだろうか。もちろん、人びとは食物を手に入れるための活動だけをしているわけではない。生きていくためには、入手した食物を調理し、それを食べ、後片づけをする。また、洗濯や入浴、排せつ、育児さらには家を建てたり、生活道具を作ったり、修理をしたりもする。これらの活動は生存に直接関連しているため、生計維持活動と呼ぶことができる。また、直接生存に関わらない活動、たとえば、休息や余暇、あるいは宗教的・芸術的活動、さらには友人を訪問し語り合うということも行っている。これらの活動にどれだけの時間を費やしているのかというデータを得ることにより、対象集団の活動の全体像が見えてくるし、我々を含めた他の集団との比較も可能となる。そのためには、すべての人がいつどこで何にどのくらいの時間を費やしたのかを知る必要があるのだが、一人の調査者がすべての活動を記録するのは不可能である。そこで、目的に合わせて時間利用を調査する方法を選択する必要がある。

対象とする集団の時間利用を研究するための方法には、大別すると（1）特定の個人に付き従い対象者の行動を記録する個体追跡法、（2）調査者が見通しのよい場所にとどまり、調査対象者の出発と帰着時間を記録する定点観察法、（3）ランダムに設定した時間帯に調査者が対象者を訪問し、その時に行っていた活動を記録するランダムスポットチェック法の三つがある（Suda 1994）。個体追跡法は、調査対象者の活動時間とその結果である生産量を詳しく記録することができ、諸活動の生産性や効率を算出することが可能になるが、サンプル数が限られること、調査者が同行することで調査者の活動が影響されるなどの短所もある。たとえば、狩猟に同行した際に不用意に音をたてることで獲物を逃がしてしまうこともある。私は、食物獲得活動がどのように行われているのかを知るため、前述の各活動に同行して、各活動の細かな作業の時間と生産量を記録した。狩猟に同行した際には、なるべく対象者の活動を妨げないように少し離れて観察した。

定点観察法は、すべての人びとの活動を記録することができ、また、帰ってきた時にすべての生産物を記録することができる。しかし、実際に現場でどのような活動が行われているのかを記録することはできないし、定点を離れることができないので、他の種類の調査をすることはできなくなる。私は、生産性の調査には定点観察法を用いた。

ランダムスポットチェック法は、全成員を対象としながら、一日二〜三時間の調査で済むため、それ以外の時間はインタビューなど他の調査をすることができる。ただし、集めたデータはその時に何をしていたのかという一瞬を記録したものであるため、活動の継続時間を詳しく知ることはできない。そのため、諸活動の割合から継続時間を推定することになる。さらに、全成員のデータをまとめて分析するので、個人差などを知ることはできない。

本節で取り上げる時間利用の調査では、シウハマソンの人びとの活動の全体像を把握することを第一の目的とした。さらに、サンプリングによるバイアスをさけること、インタビューなど他の調査との兼ね合い、調査期間などを考慮し、ランダムスポットチェック法（Johnson 1975）を短期間でデータを収集するために改良したタイムセービング・ランダムスポットチェック法（Moji and Koyama 1985）を採用した。

具体的な調査方法は以下の通りである。調査期間は一九八八年七月一七日から二三日までの一週間と、一一月六日から一九日までの二週間の計三週間とし、食物獲得活動を行なっているシウハマソンのすべての男女六五人（成人男性三〇人、青年男性二人、成人女性三〇人、青年女性三人）を対象とした。本来であれば二四時間に行われたすべての活動を記録しなければならないが、夜間の活動を目視で確認し、記録することは不可能に近い。そこで、生計維持活動のほとんどが日中に行われることから、調査時間は夜間を除外し、六時から一九時までの一三時間とした。つまり、睡眠などおもに夜間に行われる活動に関するデータは調査からは除外している。集落周辺を巡回し人びとの活動を記録するのに必要な時間は一時間弱なので、調査時間の一三時間を一三の時間帯に区分し、一週間に各時間帯を一回ずつ訪問し、調査対象者がその時行っていた活動を記録した。また、対象者が集落周辺にいない時には、家族や近隣の人びとに対象者がどこで何をしているかを尋ね、後で再び対象者を訪問しその記録を確認した。以上の方法で、合計二五三五例のサンプルを収集した。

活動の記録は詳細に記述したが、分析に際しては以下のようにまとめた。食物獲得活動は農耕、サゴデンプン作り、狩猟、採集、漁撈、家畜飼養の六項目に分類した。さらに、食物獲得以外の活動を家屋の建築・修理、弓矢などの道具製作、掃除や育児等の家事、調理（食事の準備）、食事、水浴び等の衛生活動、他世帯や他村への訪問、宗教活動の八項目に分類した。また、病気による休息と病気以外の休息を区別し、以上のどれにも属さないものをその他とし、合計一七項目についてその頻度を算出した。

2……結果

性と年齢ごとの各活動への時間配分に、六時から一九時までの一三時間（七八〇分）を乗じて算定した各活動の平均時間を表2―1にまとめた。未婚の青年男性及び女性の数はそれぞれ二名と三名であり、年齢による時間配分の差異を明らかにするにはサンプル数が少ないが、それでもある程度の傾向は指摘できると思う。成人男性では、農耕に四五分、サゴデンプン作りに一六分、狩猟に二時間二〇分、採集に七分、漁撈に六分、家畜の世話に七分を費やしていることになる。つまり、食物獲得活動全体に三時間三六分を振り当てているのである。また、家屋の建築・修理に四八分、弓矢などの道具製作に七分、家事に二〇分、調理に三六分、食事に三〇分、排泄や水浴びなどに二六分、他世帯や他集落の訪問に二時間五二分、教会関係の活動に三七分、病気による休息に五分、休息に二時間五六分を費やしている。青年男性は成人男性と比較すると農耕や漁撈に費やす時間が多く、狩猟に費やす時間が少ない傾向がある。その他の活動を見ると、訪問が少なく休息が多くなっている。

一方、成人女性では五九分を農耕に、二時間三分をサゴデンプン作りに、一時間一五分を採集に、二一分を

表2-1　性・年齢群別の各活動への配分に780分を乗じた時間（分）

		活動	男性 青年（n＝2）	男性 成人（n＝30）	女性 青年（n＝3）	女性 成人（n＝30）
生計維持活動	食物獲得活動	農耕	94	44	66	59
生計維持活動	食物獲得活動	サゴデンプン作り	0	16	36	123
生計維持活動	食物獲得活動	狩猟	77	140	0	0
生計維持活動	食物獲得活動	採集	0	7	84	75
生計維持活動	食物獲得活動	漁撈	34	6	23	21
生計維持活動	食物獲得活動	家畜飼養	0	2	0	9
生計維持活動		家屋の建築・修理	67	48	6	12
生計維持活動		道具製作	9	7	24	18
生計維持活動		家事	26	20	12	52
生計維持活動		調理	34	36	36	46
生計維持活動		食事	26	30	36	30
生計維持活動		衛生活動	17	26	6	17
		訪問活動	69	172	192	126
		宗教活動	26	37	0	37
		病気による休息	0	5	12	14
		休息	309	176	240	139
		その他	9	9	6	2

漁撈に、九分を家畜の世話に費やしている。これらを合計すると、四時間四七分を食物獲得活動に費やしていることになる。また、家屋の建築・修理の手伝いに一二分、マリタ・パンダナス（*Pandanus conoideus*）の葉を材料としたストリングバッグなどの道具製作に一八分、家事に五二分、調理に四六分、食事に三〇分、排泄や水浴びなどに一七分、他世帯や他集落への訪問に二時間六分、教会関係の活動に三七分、病気による休息に一四分、休息に二時間一九分を費やしている。青年女性は成人女性と比較するとサゴデンプン作りや家事に費やす時間が少なく、訪問や休息が多い傾向がある。

男女を比較すると、食物獲得活動に割り当てる時間は男性が二七・六％なのに対し女性は三六・八％で、時間に換算すると、男性が約三時間三五分、女性が四時間四六分であり、女性の方が一時間一一分多くなっている。男性は狩猟にもっとも多く時間を割り当てているのに対し、女性はサゴデンプン作りがもっとも多くなっている。また、採集活動でも女性は男性を大きく上回っており、これらの活動が女性の食物獲得活動の時間を増加させていることがわかる。前述のように、サゴデンプン作りでは、作業初日のサゴヤシの伐採と樹皮を剥くことだけが男性の仕事であり、それ以外のサゴデンプン作りは女性のみが行っている。男性は、その間弓矢を持って近くの森で狩猟をすることが多いが、こうした傾向が時間利用のデータにはっきりと表れている。また、昆虫や虫類などの小動物や野生植物の採集も女性が多く行う活動である。

食物獲得活動以外の生計維持活動を見ると、男性は家屋の建築・修理にある程度の時間を費やしていることがわかる。かつてのロングハウスでの生活では、一つの大きな家屋に集落の成員が住み、二〜三年に一度その場所を移動していた。ところが、世帯ごとの家屋で暮らすようになり、小さいながらも家屋そのものの数が増加し、また、定住化により家屋の補修や増改築の必要性が増していたのである。さらに、ガビやユマビの共食ユニットに参加していない世帯では、数年ごとに集落内の小区画を移動して、家屋の建築を繰り返すことも見られた。これは、かつてのロングハウスでの半遊動的生活を続けようという意図から来ているのかもしれない。家屋自体は野生のヤシを樹皮のロープで縛り、サゴヤシの葉で屋根を葺いただけの簡単なものであるため、耐用年数が短く、頻繁な手入れの必要もある。

食事やその準備では、男女にきわだった差はみられず、配分時間も少ない。これは、バナナや根茎類、サゴデンプンのかたまりをいろりの焚き火の上で焼くだけで、調味もまったく行わないクボの調理法によるものと考えられる。他世帯や他集落への訪問や休息時間は男女とも多く、両方をあわせると男性では四四・六%、女性では三三・九％になっている。食物獲得活動と家屋の建築、道具製作、家事、調理、食事、衛生活動を生存に直接関わる生計維持活動とし、それ以外の活動と比較すると、成人男性では四八・九：五一・一でほぼ同じ、成人女性では五九・三：四〇・六となり、女性の方が生計維持活動に一〇％ほど多くの時間を配分している。また、事例は少ないものの青年男女を比較すると、青年男性は四七・三：五二・八、青年女性は四二・四：五七・七で、男性ではほぼ同じ比率だが、女性では青年が生計維持活動に配分する時間が少ないことがわかった。

これらの結果を日本で暮らすわれわれのそれと比較してみよう。もちろん、われわれは食物を直接獲得するための活動はほとんど行っていない。私を含め多くの日本人は企業や役所、学校などで働き、賃金を得て食物や生活に必要な物を購入している。また、自営業者は、商店などを経営し、その利益から生活必需品を買っている。基本的には一日八〜一〇時間程度は働いているのではないだろうか。それに比べると、シウハマソンの人びとは男性で平均約三時間半、女性で五時間弱の活動（労働）で生活を賄っていることになる。

この結果は、サーリンズが『石器時代の経済学』（一九八四）で指摘した点とも一致している。現代の産業化社会は、過去の狩猟採集社会にくらべると生活が豊かになり、余暇が増えたと思われていたが、現存する狩猟採集社会の活動時間を実際に調査してみると、多くの社会が二〜四時間程度であり、余暇は現代の産業化社会よりも多いことがわかって来た。サーリンズは、これを「始原のあふれる社会（original affluent society）」と名付けた。そもそも狩猟採集社会では欲求が限られており、それを満たすためにはそれほど長く活動（労働）する必要はないのである。こうした労働時間の短さは、焼畑農耕社会にもしばしばみられるとサーリンズは指摘する。サーリンズが同書で取り上げたニューギニアのカパウクの平均農作業時間は、男性で二時間一八分、女性で一時間四二分と報告されている（同書七三頁）。この数字は農作業だけを対象としているが、残りの時間は他の生産活動（手工芸、狩、家造り）よりも政治活動や交換に向けられているという。狩猟採集社会や焼畑農耕社会における労働時間の短さは、労働力を最大まで生産に向けるのではなく、生活に必要な量の生産にとどめるという過少生産の構造があるという。こうした経済は「生産者の生計のための、使用のための生産を旨としている」（同書八三頁）ため、余剰を産む必要がないのである。こうした議論はクボの結果にもあてはまるだろう。交通網が整備されておらず、余剰生産物を販売するすべは、わずかにノマッドのローカルマーケットに限られている状況では、自分たちが食べる分を少しだけ上回る量を生産すればよいのである。

時間利用の結果については、もう一つ注意すべき点がある。ランダムスポットチェック法のデータは、全成員の平均を百分率で示したものである。この数字に一三時間（七八〇分）を乗じて表されるのは、一日の実際の継続時間ではなく、全成員の一週間の活動を平均した時間である。本項のはじめに、成人男性では、農耕に四五分、サゴデンプン作りに一六分、狩猟に二時間二〇分、採集に七分、漁撈に六分、家畜の世話に七分を費やしていることになると記したが、一日の活動をこの時間配分に従って行っている者はいない。狩猟と採集・漁撈を同じ日に行うことはあったが、それらと農耕、サゴデンプン作りを同じ日に行うことはない。男性は夜明けと同時に狩猟に出かけることが多く、帰ってくるのは獲物が獲れた時、または、何も獲れずに狩猟をあきらめた時になる。野ブタに矢を当てたものの致命傷を負わせることができずに逃げられた場合も、あきらめて帰ってくる。本書の後半に何度か登場するピーターという名の、おそらく当時三〇歳前後の男性の場合、一九八八年七月二五日の朝六時に弓矢猟に出かけたが、野ブタに逃げられ二時間後には戻って来た。その日は他の食物獲得活動は何もせず、集落の中で過ごしていた。翌日は午前中に畑に出かけ、昼過ぎにバナナ一・一キログラムとアビカ五五〇グラムを持ち帰った。二七日には朝六時半に弓矢猟に出かけ、一四時頃に何も獲れずに帰って来た。男女とも、畑に出かけるのは朝八時から一〇時の間で、二時間から四時間くらいすると、収穫物を持って帰ってくる。そして、その日の食物獲得活動はそれで終わり、あとは休息をとるか、他家を訪問していた。

活動の継続時間がもっとも長いのは、女性のサゴデンプン作りである。サゴヤシからデンプンを抽出する作業は、サゴヤシが生えている湿地で行われた。集落を八時前後に出発し、一八時前後に帰ってくるまで一〇時間程度をそこで費やしていた。作業をする場所（サゴ場）までは、集落からの距離に応じて二〇〜三〇分程度かかるので、サゴ場で過ごす時間は約九時間ということになる。もちろん、九時間休まずに作業を続けるということはなく、途中で休憩をはさみ食事も摂っていた。次章で詳しく述べるが、サゴデンプン作りの場合、一本のサゴヤシを切り倒すと幹のすべてを利用するまで作業を行うので、サゴデンプン作りは五日程度続くことになった。しかし、一連の活動が終わると一人当たり四〇〜五〇キログラムのデンプンを作ることができるので、その後三、四週間はサゴデンプン作りには出かけないことが多かった。

3　食物摂取

1……シウハマソンの食物摂取とその比較

これまで本章では、シウハマソンの人びとが食物を獲得するためにどのような活動を行っていたのか、それらの活動にどのように時間を配分していたのかを紹介してきた。本節では、基礎的計量データの締めくくりとして、何をどのくらい食べているのかを見ていく。なお、食物摂取のデータは最初に調査をした一九八八年のものに加え、二度目の調査の一九九四年にも行った。わずか六年の間に、シウハマソンではＳＤＡの信者が増えたこと、子供を中心に人口が増えたことなどの理由で、食物摂取に大きな違いが見られた。両者のデータを比較することで、六年間の変化を知ることもできる。

前述のように、クボの食物獲得活動は移動式農耕、サゴデンプン作り、狩猟、漁撈、採集などによっている。クボは伝統的には、一五～二五人の血縁や姻戚関係にある人びとからなるロングハウスコミュニティを生活の基盤としてきた。しかし、他の多くのパプアニューギニア社会から遅れて、一九六〇年代になって植民地政府やキリスト教宣教師など外部との接触が始まった。政府の政策やキリスト教宣教師らの影響を受けて、一九七〇年代にはかつてのロングハウスより人口が多い定住的な集落が形成され、それまで頻繁に行われていた集落内や集落間の襲撃も終息するようになった。

こうした社会変化にもかかわらず、彼らの経済はほぼ自給自足のままで続いていた。これは、クボが暮らす地域がストリックランド川と急峻な山岳に囲まれ、人とものの移動が容易ではないために、貨幣経済がなかなか浸透しなかったためである。しかしながら、近年になって経済状況は変化しはじめた。人びとは政府の役人とその家族を対象にノマッドで開かれるローカルマーケットで、バナナやサゴデンプン、根茎類、野生の獣肉の燻製などを売り、現金を得るようになった。ノマッド周辺の人びとは、役人の給料日である隔週の金曜日（一九九四年は毎週）に食料を持ち寄り、それらを並べて販売していた。日常の食物のほとんどを購入しなければならないノマッドの役人の家族は、野ブタやヒクイドリなどの燻製を競うように買っていた。周辺から多くの人びとが集まるローカルマーケットは、言語集団を超えた情報交換の場でもあった。また、ノマッドの政府出張所に雇われて、飛行場の草刈りなどで現金を得ることも少しずつ増えてきた。これは、政府がノマッド地域に何とか貨幣経済を浸透させようという意図で行われていたようだ。

さらに、食物摂取に関してはSDAの教えが人びとにきわめて大きな影響を与えるようになった。前述のように、シウハマソンではSDAは一九七〇年代後半から布教活動をはじめ、一九八八年の調査時にはおよそ半数の住民が、一九九四年の調査時にはほとんどすべての住民がSDAに改宗していた。前述のように、SDA信者は旧約聖書レヴィ記の食物規制を順守することが求められる。その結果、野ブタ、クスクスやバンディクートなどの有袋類、ヘビやトカゲなどのは虫類、ナマズやウナギ、ザリガニやサゴオサゾウムシの幼虫など、クボが従来から重要な動物性タンパク源としてきた食物を食べることが禁じられた。彼らが食べてもよいとされる動物性食物は、ニワトリと野生の小鳥、小魚などに限定されてしまったのである。

ドワイヤーとミネガル(Dwyer and Minnegal 1994, 1995)、それに口蔵さんは(Kuchikura 1995)、シウハマソンと同じクボの集落、サモとクボの混住する集落における食物生産について報告している。ドワイヤーとミネガルは、シウハマソンの北西およそ三五キロメートルにあるグワイマシ集落で調査を行った。グワイマシの成員は二五人ほどで、ノマッドからも遠く離れ、より伝統的な生活を維持している集落である。ドワイヤーとミネガルは、半遊動生活をおくるロングハウスでは、バナナとサゴデンプンが炭水化物を多く含むいわば主食として相補的な関係にあると指摘している(Dwyer and Minnegal 1994: 98)。一方、口蔵さんは、シウハマソンの南西約五キロメートルのサモとクボの六五人が混在する定住集落のギウォビで調査を行い、バナナやサゴデンプンとともに根茎類も食物として重要な役割を果たしていると報告している。口蔵さんの推定するギウォビにおける農耕の時間あたりの生産効率は一人一時間あたり一一二八キロカロリーで、ドワイヤーとミネガル（一九九四）の推定するグワイマシの一人一時間あたり三五二〇〜四四〇〇キロカロリーの三分の一にも満たない。ドワイヤーとミネガルは、ギウォビにおける時間あたりの生産性の低さを、集落の人口増と定住化による土壌劣化のためではないかと推論している。しかし、根茎類を栽培する場合、野ブタの侵入を防ぐためのフェンスを作らなければならず、その作業が時間当たりの生産性を減じていたとも考えられる。いずれにせよ、バナナとサゴデンプンを主食とするドワイヤーとミネガルの報告と、主食としての根茎類の重要性を指摘する口蔵さんの報告の違いは、シウハマソンの六年間の食物摂取の差異を解釈する上で、手がかりを与えてくれるのではないかと考える。

2……調査方法

一九九八年の調査では、九月四日から一一日までの八日間に、SDAに属さない八世帯の成人男性八人、少年二人、成人女性七人、青年女性二人、少女一人を対象とした。一九九四年の調査では、八月一日から六日までの六日間に、SDAに属する五世帯の成人男性九人、青年男性三人、少年三人、成人女性七人、青年女性二人、少女二人を対象とした。一九九四年には、前述のようにほとんどすべての住民がSDAに改宗していたため、それ以外の者を調査対象とすることができなかった。食物摂取量の調査は、大塚さんたちがギデラで行った方法を採用した（Ohtsuka et al. 1985）。まず、調査対象世帯が保有する食料の重量を、調査前日の夜と調査開始日の朝に計測した。さらに、調査期間中に対象世帯に持ち込まれ、または持ち出されたすべての食料の重量を計測した。つぎに、調査期間中の対象者のすべての調理に立ち会い、調理される前の食料を計測した。調査対象者が集落を離れた場合には、その対象者につき不在の日数を調査から除外した。また、調査対象世帯に訪問者があり食事を共にした場合には、訪問者の食事量を、以下に述べる男性成人換算値で推定し、調査対象者の全食事量から減じた。

すべての食事を私一人で記録しなければならないため、調査対象は家屋が近接する世帯に限定せざるを得なかった。また、クボの人びとは食事の回数や時間が決まっているわけではないので、その日の食事が完全に終了するまでは、対象世帯の近くを離れるわけにはいかなかった。私とアシスタントのナディは交代で食事をし、どちらかが対象世帯の近くに張り付くようにした。調査に協力してもらった世帯には、調理(といっても焚火の上にバナナなどをのせるだけだが)の前に声をかけてくれるように頼んでいたが、それを忘れることも多いので気が抜けなかった。もっとも、調理は家屋の前や土間で行われるので、近くで見ているとすぐにわかるようになっていた。

食物摂取量を一日あたりの成人男性値に換算するため、以下の方法ですべての調査対象者に成人男性換算用の係数(Thomson 1954)をあてはめ、性と年齢による食事量の差異を調整した。すなわち、成人男性を一消費単位とし、成人女性を〇・八五、妊娠中及び授乳中の女性を〇・九五に換算した。また、子供には性と年齢により〇・二〇から一の値を与えた。以上のような方法で成人男性に換算した消費単位の合計を算出すると、一九八八年は一一五・一、一九九四年は一〇四・二五になった。このようにして得た消費単位数で全摂取量を除し、成人男性一日一人あたりの食物摂取量を算出した。

食料に含まれる各栄養素の算出には、クボと同じパプアニューギニア西部州に住むギデラ集団で調査を行った大塚さんたちが、対象地で収集した食物サンプルに含まれる大栄養素・微量栄養素の含有量から測定した食物成分表を用いた（Ohtsuka et al. 1984）。大塚さんたちの食物成分表で、同じ食物に複数の値がある場合には、その平均値を用いた。また、その食物成分表に記載されていない食物については、パプアニューギニアの食物を対象とした他の利用可能な食物成分表を用いた（FAO/USDHEW 1972; Norgan et al. 1979）。

3……シウハマソンの食物摂取とその変化

一九八八年九月四日から一一日までの八日間の、成人男性一人あたりに換算した食物摂取量の結果を表2―2にまとめた。なお、かっこ内の数値は各食物の、エネルギー、タンパク質、脂質の合計に対する百分比を示したものである。この結果から、シウハマソンの人びとの食物摂取について以下の三点を指摘することができる。まず、バナナ（四四・一％）とサゴデンプン（三七・八％）が全エネルギー摂取量の八割以上を占めていた。つぎに、タンパク質摂取量についてみると、その主たるものはバナナ（四三・〇％）ではあるが、野ブタ（一八・五％）などの野生動物もおよそ二割を占めていた。第三に、集落周辺に植えられ通年にわたり利用可能なココヤシ（五三・〇％）や、休閑地に植えられ九月から一一月にかけて利用可能なマリタ・パンダナス（二一・五％）といった樹木作物が全脂質摂取量の約四分の三を占めていた。すなわち、シウハマソンではバナナを主たる作物とする移動式農耕とサゴデンプン作りにエネルギー摂取を依存し、狩猟、採集、漁撈、樹木栽培によってタンパク質や脂質の摂取をある程度まかなっていたのである。

一九九四年八月一日から六日までの六日間の、成人男性一人あたりの食物摂取量を表2―3にまとめた。また、表2―4は食物獲得活動ごとに食物をまとめ、一九八八年と一九九四年の結果を比較したものである。ただし、農耕作物はバナナ、根茎類とそれ以外に分類している。表2—3と2—4からわかるように、一九八八年と一九九四年では、食物の種類別の摂取量が大きく変化していた。まず、バナナとサゴデンプンの摂取量が三分の一に減少し、全エネルギー摂取量に対する割合も半減（バナナ二〇・七%、サゴデンプン一六・二%）していた。一方、サツマイモやヤム、タロ、エレファントフットヤムやキャッサバなどの根茎類がエネルギー源として重要になってきた。つぎに、野生動物の摂取が減少したことに伴い、タンパク質摂取量も同様に減少していた。第三に、脂質源として、マリタ・パンダナスに替わりガリプナッツ（四二・四%）が重要な食物になっていた。ガリプナッツはムクロジ目カンラン科カナリウム属の木の実で生食もできるが、焚火の中に入れて焼いて中の種子を食べることが多かった。脂質分に富んでおり、私には大変美味しく感じられた。第四に、米や小麦粉、インスタントラーメンといった購入食物が、少ないながらも摂取されるようになっていた。

一九八八年から一九九四年の六年間では、エネルギー、タンパク質とも摂取量が二〇%ほど減少していた。口蔵さんはFAO/WHOの基準（FAO/WHO 1973）に従い、平均体重五〇・八キログラムのギウォビの成人男性が一日に必要とするエネルギー量とタンパク質量を、それぞれ二三四〇キロカロリーと二九・六グラムと推定している。これをシウハマソンにあてはめると、エネルギー摂取量は一九八八年（三〇二九キロカロリー）と一九九四年（二三五三キロカロリー）ともに基準値を上回っていたが、タンパク質摂取量をみると、一九八八年（二九・八グラム）は基準値とほぼ同じ、一九九四年（二四・〇グラム）では基準値を下回っていた。口蔵さんのタンパク質摂取量の推定は、正味タンパク質利用率を考慮して推定されている。シウハマソンのタンパク質摂取量が動物性タンパク質に乏しいことを考えると、正味タンパク質利用率に換算する場合には七〇%を乗じる必要があるだろう（Ohtsuka et al. 1985）。その場合、タンパク質摂取量は一九八八年で二〇・九グラム、一九九四年では一

表2-2　1988年の成人男性1日あたりに換算した食物摂取

食物獲得活動 　食物	エネルギー（kcal） （%）	タンパク質（g） （%）	脂質（g） （%）
サゴヤシ利用	1,144	0.0	1.1
サゴヤシ	(37.8)	(0.0)	(6.0)
農耕			
バナナ	1,337	12.8	1.1
	(44.1)	(43.0)	(6.0)
サツマイモ	85	0.6	0.1
	(2.8)	(2.0)	(0.6)
ヤム	45	0.7	n.a.
	(1.5)	(2.3)	
タロ	15	0.1	n.a.
	(0.5)	(0.3)	
アメリカサトイモ	45	0.4	0.1
	(1.5)	(1.3)	(0.6)
エレファントフットヤム	19	0.3	n.a.
	(0.6)	(1.0)	
キャッサバ	35	0.2	0.1
	(1.2)	(0.7)	(0.6)
アビカ	29	2.0	0.3
	(1.0)	(6.7)	(1.7)
カボチャ	n.a.	n.a.	n.a.
カボチャの葉	2	0.3	n.a.
	(n.a.)	(1.0)	
その他の緑色植物	19	2.0	0.1
	(0.6)	(6.7)	(0.6)
サトウキビ	9	0.1	n.a.
	(0.3)	(0.3)	
小計	1,640	19.5	1.8
	(54.1)	(65.3)	(10.1)

（続く）

食物獲得活動 食物	エネルギー（kcal） （%）	タンパク質（g） （%）	脂質（g） （%）
樹木栽培			
ココヤシ	106 （3.5）	1.1 （3.7）	9.6 （53.0）
パンダナス	54 （1.8）	1.1 （3.7）	3.9 （21.5）
パパイヤ	10 （0.3）	0.1 （0.3）	n.a.
小計	170 （5.6）	2.3 （7.7）	13.5 （74.5）
野生植物の採集			
ガリプナッツ	17 （0.6）	0.1 （0.3）	1.1 （6.0）
シダ類	22 （0.7）	1.8 （6.1）	0.1 （0.6）
キノコ類	5 （0.2）	0.2 （0.7）	n.a.
小計	44 （1.5）	2.1 （7.1）	1.2 （6.6）
狩猟			
野ブタ	26 （0.9）	5.5 （18.5）	0.2 （1.1）
野生動物の採集			
サゴオサゾウムシの幼虫	4 （0.1）	0.2 （0.7）	0.3 （1.7）
ザリガニ	1 （n.a.）	0.2 （0.7）	n.a.
小計	4 （0.1）	0.2 （0.7）	0.3 （1.7）
合計	3,029 （100.0）	29.8 （100.0）	18.1 （100.0）

表2-3　1994年の成人男性1日あたりに換算した食物摂取

食物獲得活動 食物	エネルギー（kcal） （%）	タンパク質（g） （%）	脂質（g） （%）
サゴヤシ利用			
サゴヤシ	381 （16.2）	0.0 （0.0）	0.4 （2.4）
農耕			
バナナ	484 （20.7）	4.6 （19.1）	0.4 （2.4）
サツマイモ	582 （24.8）	4.1 （17.1）	1.0 （6.1）
ヤム	342 （14.5）	5.0 （20.8）	0.4 （2.4）
タロ	168 （7.1）	1.7 （7.1）	0.1 （0.6）
エレファントフットヤム	123 （5.2）	2.1 （8.8）	0.1 （0.6）
キャッサバ	11 （0.5）	0.1 （0.4）	n.a.
アビカ	14 （0.6）	0.9 （3.8）	0.2 （1.2）
カボチャの葉	3 （0.1）	0.3 （1.3）	n.a.
キュウリ	2 （0.1）	0.1 （0.4）	n.a.
パクチョイ	1 （n.a.）	0.1 （0.4）	n.a.
ピトピト	1 （n.a.）	n.a.	n.a.
その他の緑色植物	2 （0.1）	0.2 （0.8）	n.a.
小計	1,733 （73.7）	19.2 （80.0）	2.2 （13.3）

（続く）

食物獲得活動 　食物	エネルギー（kcal） （%）	タンパク質（g） （%）	脂質（g） （%）
樹木栽培			
ココヤシ	72 （3.2）	0.7 （2.9）	6.5 （39.5）
パパイヤ	6 （0.3）	0.1 （0.4）	n.a.
小計	78 （3.3）	0.8 （3.3）	6.5 （39.5）
野生植物の採集			
ガリプナッツ	110 （4.7）	1.0 （4.2）	7.0 （42.4）
シダ類	20 （0.9）	1.6 （6.7）	0.1 （0.6）
キノコ類	1 （n.a.）	0.1 （0.4）	n.a.
その他の野生植物	1 （n.a.）	0.1 （0.4）	n.a.
小計	142 （5.6）	2.8 （11.7）	7.1 （43.0）
漁撈			
小魚	3 （0.1）	0.5 （2.1）	0.1 （0.6）
食物獲得活動で得られた食物　小計	2,327 （98.9）	23.3 （97.1）	16.3 （98.8）
購入食物			
米	9 （0.4）	0.1 （0.4）	n.a.
小麦粉	16 （0.6）	0.5 （2.1）	0.1 （0.6）
インスタントラーメン	2 （0.1）	0.1 （0.4）	0.1 （0.6）
小計	27 （1.1）	0.7 （2.9）	0.2 （1.2）
合計	2,353 （100.0）	24.0 （100.0）	16.5 （100.0）

表2-4　1988年と1994年の活動別の食物摂取

活動	1988			1994		
	エネルギー（kcal）（%）	タンパク質（g）（%）	脂質（g）（%）	エネルギー（kcal）（%）	タンパク質（g）（%）	脂質（g）（%）
サゴヤシ利用	1,144（37.8）	0.0（0.0）	1.1（6.0）	381（16.2）	0.0（0.0）	0.4（2.4）
農耕（バナナ）	1,337（44.1）	12.8（43.0）	1.1（6.0）	484（20.7）	4.6（19.1）	0.4（2.4）
農耕（根茎類）	244（8.1）	2.3（7.6）	0.3（1.8）	1,226（52.1）	13.0（54.2）	1.6（9.7）
農耕（その他）	59（1.9）	4.4（14.7）	0.4（2.3）	23（0.9）	1.6（6.7）	0.2（1.2）
樹木栽培	170（5.6）	2.3（7.7）	13.5（74.5）	78（3.3）	0.8（3.3）	6.5（39.5）
採集	48（1.6）	2.3（7.7）	1.5（8.3）	132（5.6）	2.8（11.7）	7.1（43.0）
狩猟・漁撈	27（0.9）	5.7（19.2）	0.2（1.1）	3（0.1）	0.5（2.1）	0.1（0.6）
購入食物				27（1.1）	0.7（2.9）	0.2（1.2）
合計	3,029（100.0）	29.8（100.0）	18.1（100.0）	2,353（100.0）	24.0（100.0）	16.5（100.0）

六・八グラムに相当し、いずれも必要量を下回る結果となる。

4……食物摂取とその変化についての考察

政府との定期的な接触とＳＤＡの布教活動により引き起こされたシウハマソンの社会変化は、（1）半遊移動生活を基本とするロングハウスでの生活から定住集落での生活への変化、（2）集落内および集落間の襲撃の停止、（3）ＳＤＡによる食物規制の受容、（4）貨幣経済の浸透の開始、の四つにまとめることができる。これらの社会変化が、直接的または間接的に人びとの食物摂取に影響を与えていたのである。

襲撃の停止後に政府によって勧められ

たロングハウスから定住集落への変化は、人口密度の増加をもたらした。さらに、シウハマソンには、北部から移入した者や、サモやベダミニといった他言語集団から移入した者もいた。したがって、彼らは食物獲得の場を、自分が所属するオビが所有する土地から、他のオビが所有する土地へと移すことになった（Suda 1990）。このことは、土地利用の変化を導いたと思われる。クボの農耕は、伝統的にはバナナを主たる作物とした“slash-and-mulch”方式（Kuchikura 1995）を主としており、火入れや野ブタ除けのフェンスを必要とせず、粗放的なものであった。これに対し、根茎類を主たる作物とする“slash-and-burn”方式の農耕は、火入れやフェンスの製作、除草や整地などの作業を必要とし、より集約的で土地生産性の高いものである。

表2―2をみると、一九八八年のシウハマソンでは、炭水化物源（エネルギー源）としてバナナとサゴデンプンが重要な役割を果たしていた。これはドワイヤーとミネガルがグワイマシで報告している推定値（一日あたりバナナ一三七〇～一七一二キロカロリー、サゴデンプン九五七・三キロカロリー）とほぼ等しい（Dwyer and Minnegal 1994: 93-94）。しかし、集落の場所が固定化し、人口も若干増加した一九九四年（表2―3）には、根茎類の摂取量が増加し、サゴデンプンの摂取量が減少していた。定住集落化によって引き起こされた資源利用の変化が、主たるエネルギー源としてバナナ、サゴデンプンから根茎類への変化を導いたと考えることができる。

口蔵さんによると、サモとクボの混住する定住集落であるギウォビの、一九八八年におけるエネルギー源としてのバナナとサゴデンプン、根茎類の割合は、それぞれおよそ三五％、三〇％、二〇％であり、成人男性の一日あたりのエネルギー摂取量は二五〇二キロカロリーである。シウハマソンよりノマッドに近く、周辺にサモの定住集落が多数あるため人口密度が高いと考えられるギウォビでは、一九八八年の時点においてもサゴデンプンの割合が低くなっている。一九八八年におけるギウォビの食物摂取パタンは、一九九四年のシウハマソンのそれときわめて類似していた。

しかしながら、今後、シウハマソンの農耕が根茎類を中心に栽培される畑（根茎畑）に収斂していくかどうかは疑わしい。なぜなら、彼らの生活する自然環境は集約的な農耕には適していない可能性があるからである（Kuchikura 1994）。さらに、ドワイヤーとミネガルが指摘するように、その日のうちに生産が完結するサゴデンプン作りは、生産量を操作し、日々の食物摂取量を調整する機能をも有している（Dwyer and Minnegal 1994: 98）。したがって、土地集約的ではないとしても、サゴデンプン作りの重要性が低下するとは考えられないのである。食物摂取は、食物生産についての人びとの意思決定によって調整される。ギウォビの食物獲得活動と食物摂取を定量的に分析した口蔵さんによると、広大な沼沢地を欠き、集約的な農耕に不適な自然環境に暮らすニューギニア高地辺縁部や山麓部では、農耕やサゴヤシと野生動植物の利用を組み合わせた、より多様な食物獲得活動の組み合わせがもっとも適している。

また、シウハマソンの食物摂取は自然環境のみならず、宗教によっても影響を受けている。生態学的観点からいえば、水生の生物が乏しい内陸部に暮らすシウハマソンの人びとは、森林に生息する野生動物をタンパク質源とすることが望ましい。しかしながら、ＳＤＡの食物規制の受容により、一九九四年までにＳＤＡに属する人びとは狩猟活動をほぼやめてしまった。さらに、ＳＤＡに属さない人びとも、多数を占める改宗者に気兼ねして、野ブタ猟をやめてしまったのである。一九九四年の調査時には、ＳＤＡ改宗者がノマッドでの宗教行事に参加するため村を離れた時に、ようやく非改宗者が狩猟に出かけ野ブタを一頭捕らえただけであった。ＳＤＡの食物規制を受容したことにより、動物性食物の摂取量は激減し、タンパク質摂取量も減少した。

旧約聖書には、食物規制がなぜ生じたのかについては詳しく書かれてはいない。神の言葉として信者は無条件でこれに従わなければならないのだが、これまでブタやは虫類を食べてきたクボにこの食物規制を守らせるためにはかなり上手な説得が必要である。シウハマソンのSDAのリーダーであるデュサヨにこの点を確かめると、SDAがアメリカで出版した小冊子を持ってきた。それによると、現代人は動物性タンパク質を摂りすぎているので、レヴィ記の食物規制を守るのは理にかなったことだそうである。もちろん、そのような説明でシウハマソンの人びとが納得するわけはないし、クボの食環境とアメリカのそれとは大きく異なっている。シウハマソンの食物摂取調査の結果では、むしろタンパク質不足が案じられる。のちに明らかになったが、デュサヨが人びとに説いていることは、そしてそれはデュサヨがニューギニア人宣教師から教えられたことでもあるのだが、これらの動物は夜行性であるため、それを食べると人間も夜に寝られなくなるということだった。ブタは基本的には昼行性なのだが、その点は問題にはされていない。あるものを食べるとその特性が食べた人にも影響するという観念が、彼らの旧約聖書の食物規制を支えているのである。多数の人びとのSDAへの改宗は近年になって生じたものであり、タンパク質不足による栄養失調の事例はまだ報告されてはいないが、この状況が続くとすれば、人びとの健康状態の悪化が懸念される。

パプアニューギニアでは、貨幣経済の浸透は商品食物の購入と摂取の増加をもたらすことが多い。一九八八年の調査時に人びとが米を食べたのは、私の送別会の時だけであった。しかし、一九九四年には、人びとは時おり米を食べ、彼らの伝統的な食物よりも米の方が美味いと言っていた。前述のように、人びとが現金を得る機会は食物獲得活動で得た動植物をノマッドのローカルマーケットで販売することと、政府が不定期に募集する道路やエアストリップの除草などの作業に雇用されることにほぼ限られている。六年間でマーケットが開かれる頻度は週一回から週二回に増えた。また、政府に雇用される機会も明らかに増加している。こうして得た現金は、ノマッドのよろず屋で、食料や石鹸などの生活必需品の購入に使われることも徐々に多くなっているようだ。ただし、それでも食物摂取に占める購入食物の割合は、エネルギーと脂質で一％強、タンパク質で三％弱であり、ほぼ自給自足といってもよいと思われる。

本節では、一九八八年と一九九四年のシウハマソンにおける食物摂取の定量的データに基づき、社会変化が食物消費に与える影響について考察した。グワイマシのように、人口密度が低く半遊動的なロングハウス集落においては、主たるエネルギー源をバナナやサゴデンプンに依存することは投下労働量を減ずる効果がある。しかしながら、より大きく定住的な集落への変化は、バナナ畑に適した原生林や成熟した二次林の減少を導く。その結果、集落周辺には、バナナ畑が放棄された後、ギウォビでみられたように、根茎畑に適した未成熟の二次林が増加し、エネルギー源としての根茎類の重要性が増す可能性がある。シウハマソンにおいては、一九八八年から一九九四年にかけての六年間で、このような居住と自然環境の変化に伴う生計維持システムの移行が生じたと推論することができる。

食物摂取は、対象集団が生活する自然環境のみならず、人びとの観念にも影響を受ける。グワイマシのように人口密度が低く半遊動的なロングハウスで生活する場合には、野生動物を捕獲し食物とすることはそれほど難しいことではない。しかし、シウハマソンにおいては、ＳＤＡへの改宗が狩猟や漁撈の活動時間を減少させた。この新たな状況は、定住化に伴うバナナ畑に適した原生林や成熟した二次林の減少と、根茎畑に適した若い二次林の増加と結びつき、根茎畑耕作の活動時間の増加を導いたのであろう。バナナ畑と根茎畑の生産性を比較すると、時間あたりの生産性はそれほど変わらないものの、面積あたりの生産性は根茎畑がバナナ畑をはるかにしのいでいる（Kuchikura 1995）。人口密度が低く半遊動的な生活を続けるロングハウスでの生活においては、男性は狩猟と漁撈に十分な時間を割り当て、一方、女性はバナナ畑の低生産性をサゴデンプン作りで補うことができた。SDAへの改宗後、シウハマソンでは、男性は狩猟や漁撈から、また、女性はサゴデンプン作りから、根茎畑の耕作へと食物獲得活動の比重を変化させたのであろう。

このような変化のもと、クボ社会では、バナナ耕作とサゴヤシと野生動植物の利用に基づく粗放的な資源利用から、根茎畑を中心とする比較的集約的なそれへと移行しつつある。グワイマシの事例はこの移行の直前にあり、一九八八年のシウハマソンはその中間に、そしてギウォビと一九九四年のシウハマソンはその直後に位置するとみなすことができるかもしれない。

ところで、短期間ではあるが二〇〇三年にもシウハマソンを訪れた。この時にはSDAの信者は再び半数近くに減少していた。この理由としては、シウハマソンにSDAをもたらし、積極的に布教を行っていたデュサヨが死亡したことが大きい。彼はその死後に邪術師であったと非難されてもいた。その結果、野ブタなどの狩猟は一九八八年当時と同様に行われていた。また、人口はさらに増加していたが、根茎畑は減少しバナナ畑が増えていた。定量的データの収集は行っていないが、食物摂取の傾向は一九八八年当時のものに近くなっていたという印象を持った。ただし、集落内で米やサバ缶などの商品食物が食べられる機会は増えていたようだった。

第3章

資源利用の仕組みを探る

資源利用の調査として、シウハマソンの人びとの食物獲得活動を記録し、改良したランダムスポットチェック法で時間利用を調べ、食物摂取の調査をした後で、個体追跡法と定点観測法による生産量の調査をさらに続けた。とくに、主食であるサゴデンプンとバナナなどの畑の作物については、その生産効率に注目した。つまり、人びとはどのくらい働いて、どのくらい食物を得ているのかを明らかにしたかったのである。また、こうしたデータを収集する過程で、資源利用に関するいくつかの特徴も見えてきた。それは、資源利用の柔軟性である。サゴヤシの所有権については後述するが、サゴデンプン作りに出かける女性が、誰が所有するサゴヤシを利用したのかを調べてみると、グループのなかに所有権を持っている人がいない事例もしばしば確認された。この場合は、所有者に了解を得ているということだった。また、グループの構成もその日によって変わっていくことがあった。移動式農耕では、人びととの所有するすべての畑に出かけ、その面積を測量した。そうすると、その土地を所有するオビに属していない人の畑があちこちにあることがわかった。こうした、所有権とは必ずしも結びつかない利用権のあり方を分析し、明らかにする必要があると考えた。いわば、シウハマソンの資源利用の仕組みを探るということになる。本章では、帰国後にこれらのデータを分析した結果を中心に記述したい。

なお、調査はアシスタントのナディに手伝ってもらったが、サモ出身の彼には、どこがどのオビの土地なのかはまったくわからなかった。そこで、畑の測量にはなるべく畑の所有者に同行してもらったが、それがかなわない場合にはその日に集落にいてとくに予定のなさそうな男性についてきてもらった。また、定点観察法で人びとにどこに行くか尋ねる場合には、ナディは男性には直接話しかけることができるのだが、サゴデンプン作りのように女性だけのグループには話しかけることができなかった。調査の序盤、まだクボ語がわからなかかった時には、ナディにどこに行くかを訊いてもらっていたのだが、目の前を通り過ぎそうになっても下を向いて黙り込むことが多かった。帰りに収穫物を計量させてもらうと何をしに行ったかはわかるのだが、私としては集落を出るときにどこに何をしに行くのかを訊いておきたい。どこに何をしに行くのかをなぜ訊けないのか問いつめると、男性が親族関係にない女性に話しかけるのは良くないことであり、夫や父親の怒りを買うことになる、とくにサモの自分がクボの女性に話しかけることはトラブルの原因になるということだった。当時のシウハマソンでサモに属していたのはグバの家族だけで、前述のようにナディは寝泊まりもそこでしていた。少しクボ語が話せるようになってからは、私が直接女性に質問するようにした。シウハマソン出身のルークをアシスタントにした口蔵さんも、ギウォビで同様の問題に直面したそうである。一九九四年と二〇〇三年の調査の時は、シウハマソン出身のキマダをアシスタントにしたので、こうした問題は起こらなかった。

1　サゴデンプンの作り方と生産性

サゴデンプンの作り方とその味は私にとってまったくの未知のものであり、好き嫌いは別としておおいに興味をひかれた。移動式農耕よりもサゴデンプン作りに関するデータが多いのはそのためでもある。サゴデンプン作りに要する日数は、サゴヤシの大きさと参加する人数によってまちまちである。集落から片道一時間ほどの所に生えているサゴヤシを、数日かけて毎日日帰りで利用することが多いが、まれに遠くのものを利用するため、二〜三人のグループが泊まりがけで出かけることもある。

サゴデンプン作りは、サゴヤシの選定と伐採から始まる。切り倒した後で、デンプンの含有量が少なくサゴ作りに不向きなことがわかると、その木はそのまま放置され、別のサゴヤシを探す。一九八八年の調査時には、放置されたサゴヤシはサゴオサゾウムシを集めるため、あるいは、野ブタを引きつけるために利用された。サゴオサゾウムシはサゴの幹に卵を産み付け、孵化した幼虫はデンプンを含んだ幹の内部を食べるという生態を持つ。しかし、一九九四年にはほとんどの人びとがSDAに改宗し、サゴオサゾウムシや野ブタを食べることをやめたため、利用されることはなかった。伐採には、一九七〇年頃までは、石製の斧が使用されたが、調査時には鉄製の斧が使われていた。男性の仕事はこのサゴヤシの伐採と樹皮を剥ぐことだけである。その間女性は、サゴヤシが生えている場所の近くの小川沿いに濾過器を作る。濾過器の本体は樋状になっているサゴヤシの葉柄で、根元の方を一・二〜三メートル、先の方を二〇〜三〇センチメートルの高さにして傾斜をつけている。濾過器の先にはマリタ・パンダナス等の繊維で編み上げた袋、またはよろず屋で売られていた米や小麦粉の布袋をもらい受けてフィルターにしている。その先の地面には、ブラックパームの葉柄で作った桶を置く。準備が早く終わり時間に余裕があれば、そのままサゴデンプンを作ることもあるが、たいていは準備が終わると集落へ帰り、翌日から本格的なサゴデンプン作りを始める。

サゴヤシからデンプンを抽出する方法は以下の通りである。まず、鉄製の斧でサゴヤシの樹皮を両側に剥ぐ。その後、石製の斧で内側の髄を削りパルプ状にする。一九九四年の調査時には、石斧の先にサバの缶詰の空き缶をかぶせて削ることが多かった。充分な量がたまると、濾過器の上部に削った髄を運び、少し水を含ませた後、一・五メートル程の長さの細い竹ザオで何度も叩く。これを一〇〜二〇分行った後、髄に水をかけて手でこねるように絞る。この動作を何度か繰り返すうちに、髄に含まれたデンプンは水とともに流れ、フィルターを通って地面に置かれた桶にたまる。水の色が薄くなり髄からデンプンを抽出しにくくなると、再び髄を竹ザオで叩き、デンプンの出を良くする。叩いてから絞るまでの一連の動作を二～三回繰り返し、削った髄のデンプンが出尽くすと、髄を捨て、また髄を削る作業にかかる。髄を削ってから髄を捨てるまでの作業を三～四回繰り返して一日の作業が終わる。その後休憩がてら一時間程待って桶の中のデンプンと水が分離すると、上澄みを捨てて、底にたまったデンプンをサゴの葉で包み袋につめてすべての作業が終了する。サゴデンプン作りでは、伐採以降の作業では分業は行われず、出来上がったサゴデンプンも各自のものとなる。なお、月経中の女性が作ったサゴデンプンを食べると病気になるとされているため、月経中の女性はサゴデンプン作りには参加しない。

作りたてのサゴデンプンは白っぽい色をしているが、すぐに酸化して赤みがかってくると同時に酸っぱい味になる。クボは、サゴデンプンの塊を焚火の上に載せ、焼けた部分からはがして味をつけずにそのまま食べることが多い。口に入れると唾液がデンプンに吸収されるので、水がないと食べづらい。マリタ・パンダナスが手に入った時には、その実を蒸し焼きにしたものに水をすこし加えて、手でもんで果汁をしぼりだして、サゴデンプンの味付けにすることもある。蒸し焼きは、地面に穴を掘り、そこに熱した石を入れて食材を加熱するという、南太平洋の島々でよく行われている方法で調理される。トンガではこの調理法をウムと呼んでいたが、ニューギニアではムームーと呼ばれることが多い。

生産量の調査として、人びとが作ったサゴデンプンの重量を計測した。額から背中にかけて担いでいるストリングバッグを一旦下ろしてもらい、計測後にまた担ぎなおしてもらうことにはうしろめたさを感じたが、す

写真3-1　石斧でサゴヤシを削る

写真3-3　デンプンを含んだ水が貯まる

写真3-2　竹竿で削ったサゴの髄を叩く

べての人が嫌がらずに協力してくれた。その際に、私にサゴデンプンを分けてくれることもよくあった。私がシウハマソンで食べたサゴデンプンは、すべてこのようにして分配されたものだった。私は、酸っぱいサゴデンプンが苦手だった。アシスタントのナディにそのことを伝えると、デンプンにココヤシの胚乳を削ったものを混ぜてから、私が持って行ったフライパンで焼いてくれた。こうすると臭いが気にならず、ほのかに甘いデンプンせんべいになる。また、作り立てのサゴデンプンを焚火の近くに置いてじっくりと加熱すると、焼けた表面が餅のようになって美味しかった。滞在の後半には、サゴデンプンですいとんのようなものを作ったり、一度焼いたデンプンせんべいを油で揚げたりと、食べやすさの工夫をした。

このように、サゴヤシからデンプンを精製する方法はかなり複雑なものである。また、一般に植物を食料として利用する場合には、果実や種子、根茎がその対象になるのだが、樹幹を食料にするというのはきわめてまれな利用法といえる。はじめてデンプン作りに同行し実際に作業を見た時には、食料を生産しているとは思えなかった。パプアニューギニアでは、食物としてのサゴデンプンの地位が高く、エネルギー源としてはサツマイモ、バナナについで第三位の植物性食物となっている（Harris 1982）。とくに、フライ川・ストリックランド川流域地域（大塚 1993；Suda 1990; Dwyer and Minnegal 1994など）、プラリ川・キコリ川流域地域（Rhoads 1981など）、セピック川流域地域（Townsend 1974）など、大河流域で人口の希薄な低湿地に住む人びとはサゴヤシに強く依存する生活をおくっている。

パプアニューギニアにおけるサゴデンプン作りの生産性については、焼畑と比較した場合、かなり高いことが報告されているが（Ohtsuka 1977; Dwyer and Minnegal 1994）、サゴデンプンは炭水化物以外の栄養素をほとんど含んでいない。そのため、人びとの生存を維持するのに十分な栄養素の摂取を保障するには、他の食物資源と組み合わせる必要がある。全体の食物資源の中でのサゴデンプンの役割は、地中に埋めることで数週間の保存が可能なことと、高生産性及び投下労働に対する見返りが早いことなどから、畑作物など年間変動の大きな食物資源に対するバッファーや救荒作物として強調されることが多い。

しかし、いくつかの地域におけるサゴデンプン作りの報告を比較すると、デンプンの抽出の方法はどの地域でもある程度似てはいるものの、時間あたりの生産性にはかなりの変異が認められる（Townsend 1982）。これらの変異がサゴヤシの樹齢や品種の違い、生育環境の差異によるのか、あるいは、デンプン抽出方法の差異によるのかは判断しがたい。本節では、シウハマソンでの二度にわたる調査の結果を中心に、ドワイヤーとミネガルが調査したグワイマシや、シウハマソンで行われたパ集団の女性によるサゴデンプン作りとの比較を通して、生産性に差異をもたらす要因について考察する。パはストリックランド西岸に居住する人口約二〇〇〇人の言語集団である。ストリックランド川で隔てられているため、かつては、クボをはじめとするストリックランド・ボサビグループとはほとんど接触がなかったが、近年ではキリスト教の同じ宗派に属する人びとの間での相互の訪問が行われるようになってきた。

1……調査方法

一九八八年の調査では、二三回のサゴデンプン作りが行われ二五本のサゴヤシが利用された。このうち四例は泊まりがけで行われたものである。サゴデンプン作りの作業はのべ三二八人日（うち四人日は一二歳未満と思われる女性）かけて行われ、一日あたりの参加人数は平均二・四八人であった。総計三二八人日のうち、寡夫が一人で作業をした三人日を除く三二五人日（九九％）はすべて女性によって行われたものである。また、約七七％の二五四人日については、その日に作ったサゴデンプンの重量を測定した。この場合、重量はすべてぬれサゴ状態、すなわち、水分を約四五％含んだ状態のものである（Ohtsuka *et al.* 1984）。

利用された二五本のサゴヤシのうち、抽出したすべてのデンプン量を測定できたのは一三本であり、そのうち一一本については野生のものか移植したものかを確認した（野生：四本、移植：七本）。さらに、三八人日については、定点観測法により集落からの出発時間と帰着時間を記録し、移動及び休憩を含めた一日あたりの作業時間及び一時間あたりの生産量を算出した。また、作業に同行して、その活動を個体追跡法によって記録し、実働一六九三分について、幹削り・髄叩き・髄絞りのそれぞれに配分された時間を計測した。

一九九四年の調査では、八回のサゴデンプン作りが行われ九本のサゴヤシが利用された。このうち一例は泊まりがけで行われたものである。八回のサゴデンプン作りのうち、六回（七本）について生産性、所有者、野生・移植の別等のデータを収集することが出来た。六回のサゴデンプン作り作業はのべ八三人日（うち一五人日は一二歳未満と思われる女性）かけて行われ、一日あたりの参加人数は平均約二・一八人であった。総計八三人日のうち、一人日（約二・四％）は男性によって行われた。また、八三人日のすべてについて、その日に作ったデンプン（ぬれサゴ）の重量を測定した。

調査した七本のサゴヤシのすべてについて、抽出したデンプン量を測定した。また、六本については、野生・移植の別、所有者、品種の民俗分類名、長さと直径を記録した。さらに、八三人日のうち、泊まりがけで行われた九人日を除く七四人日について、定点観測法により集落からの出発時間と帰着時間を記録した。なお、移動及び休憩を含めた一日あたりの作業時間及び一時間あたりの生産量の算出は、一二歳未満と思われる女性の一五人日を除外した五九人日の記録に基づいている。また、作業に同行して、その活動を個体追跡法によって記録し、実働六〇二分について、幹削り・髄叩き・髄絞りのそれぞれに配分された時間を計測した。なお、六回のサゴデンプン作りのうち一回は、前述のようにノマッドに居住するパの女性二人がシウハマソンを訪問し、所有者であるクボの了解を得て利用したものである。前述のように、サゴデンプン作りには分業は見られず、参加した女性ごとにサゴヤシの葉柄で濾過器を作り、それぞれの作業を個別に行い出来上がったデンプンを持ち帰っていた。

2……結果と考察

一九八八年のデータによると、一三本の事例から算出したサゴヤシ一本あたりのデンプンの重量は一〇五・五キログラムであったが(表3—1)、幹による変異が大きく、最少のものが二七・五キログラム、最大のものが二三九キログラムと、九倍弱の差があった。また、野生と移植の別によるデンプン重量は、それぞれ九八・〇キログラムと一〇七・九キログラムであり、ほとんど差異は認められなかった。なお、一本のサゴヤシを利用するのに、一三・四人日(一二歳未満の女性を〇・五人日に換算)かかっていた。三八人日の事例をもとにした一日あたりの活動時間(移動と休憩を含む)は一〇・二九時間であり、それから算出した生産量は一人日あたり七・七キログラム、一時間あたり〇・七五キログラムになった。さらに、作業の内訳は、それぞれ幹削りが三二・〇%、髄叩きが二四・四%、髄絞りが四三・六%であった(表3—2)。

六本のサゴヤシを調査した一九九四年のデータによると、サゴヤシ一本あたりのデンプン重量は一六四・五

郵便はがき

料金受取人払郵便

左京局
承認

4109

（差出有効期限
2022年11月30日
まで）

606-8790

（受取人）

京都市左京区吉田近衛町69
京都大学吉田南構内

京都大学学術出版会
読者カード係 行

▶ご購入申込書

書　名	定　価	冊　数
		冊
		冊

1．下記書店での受け取りを希望する。

都道府県　　市区町　　店名

2．直接裏面住所へ届けて下さい。

お支払い方法：郵便振替／代引　　公費書類（　　　）通　宛名：

送料
ご注文 本体価格合計額　2500円未満：380円／1万円未満：480円／1万円以上：無料
代引でお支払いの場合　税込価格合計額　2500円未満：800円／2500円以上：300円

京都大学学術出版会
TEL 075-761-6182　学内内線2589 / FAX 075-761-6190
URL http://www.kyoto-up.or.jp/　E-MAIL sales@kyoto-up.or.jp

お手数ですがお買い上げいただいた本のタイトルをお書き下さい。

（書名）

■本書についてのご感想・ご質問、その他ご意見など、ご自由にお書き下さい。

■お名前

（　　歳）

■ご住所

〒

TEL

■ご職業

■ご勤務先・学校名

■所属学会・研究団体

■E-MAIL

●ご購入の動機

A.店頭で現物をみて　B.新聞・雑誌広告（雑誌名　）

C.メルマガ・ML（　）

D.小会図書目録　E.小会からの新刊案内（DM）

F.書評（　）

G.人にすすめられた　H.テキスト　I.その他

●日常的に参考にされている専門書（含 欧文書）の情報媒体は何ですか。

●ご購入書店名

都道府県　市区町　店名

※ご購読ありがとうございます。このカードは小会の図書およびブックフェア等催事ご案内のお届けのほか、広告・編集上の資料とさせていただきます。お手数ですがご記入の上、切手を貼らずにご投函下さい。

各種案内の受け取りを希望されない方は右に○印をおつけ下さい。　案内不要

表3-1　サゴデンプン作りの生産性

調査年	サゴデンプン作りの回数	利用したサゴヤシ（本）	1本あたりの生産量（kg）	1本あたりののべ作業日数	1日あたりの作業時間	1人日あたりの生産量（kg）	1時間あたりの生産量（kg）[a]
1988	23	25	105.5[b]	13.4[c]	10.29[d]	7.7[d]	0.75[d]
1994	7	8	164.5[e]	16.3[c]	9.94[f]	10.1[f]	1.03[f]
1994（パ）	1	1	189.5	6.0	10.69	31.6	2.95
1986–87[g] グワイマシ	41	41	117.6	10.2	8.74	12.5	1.43

a：移動と休憩を含む。b：調査対象のサゴヤシは13本。c：12歳未満の女子を0.5人日に換算。d：調査対象は38人日。e：調査対象のサゴヤシは6本。f：調査対象は59人日。g：Dwyer and Minnegal（1994）より。

キログラム（一一四・六～二六四・七キログラム）であり、一九八八年のデータの一・五倍強に増加していた。また、このうち野生のサゴヤシから抽出されたデンプンの重量は一五〇・五キログラムであり、移植されたものの一六七・三キログラムとそれほど違いはなかった。一本のサゴヤシを利用するのに要する時間は一六・三人日で、一九八八年のデータよりも三人日ほど増加していた。一日の作業時間は九・九四時間であり、一九八八年のデータとほぼ同じであったが、一人日あたり及び一時間あたりの生産量は、それぞれ一人日あたり一〇・一キログラムと一時間あたり一・〇三キログラムに増加しており、一本あたりの生産量と同じく増加傾向が認められた。一方、作業の内訳では、それぞれ幹削りが二一・六％、髄叩きが二七・二％、髄絞りが五一・二％であり、きわだった変化は認められなかった。

これに対し、パの女性によって利用されたサゴヤシは、一本あたりのデンプン量及び一日の作業時間は、それぞれ、一八九・五キログラムと一〇・六九時間であり、クボのデータとさほど違わない。しかし、生産性のデータをみると、一人日あたり三一・六キログラム、一時間あたり二・九五キログラムであり、クボのそれを大きくしのいでいる。

つぎに、クボとパのデータの比較、さらには北部のクボのテリトリーにあるグワイマシのデータとの比較を通して、生産性の差異に影響を与える要因について考えてみたい。ドワイヤーとミネガルが調査したグワイマシは、前述のようにシウハマソンの北西約三五キロメートル、ストリックランド川西岸に位置する、人口二五人ほどの集落である。ノマッドに設置された政府の出張所から離れているため、シウハマソンと比較すると、ロングハウスを中心としたより伝統的な生活をおくっていた。また、その北側にはコナイ（Konai）集団が暮らしており、かつては彼らとの共住も行われていた（Dwyer et al. 1993）。一九八六年八月から翌年一一月までグワイマシで調査を行ったドワイヤーとミネガルによると、彼らのサゴデンプン作りの方法及び道具は、シウハマソンで行われているものとほとんど変わらないとのことである。しかし、削った髄を竹ザオで叩く作業は、髄が堅い場合を除くとほとんど行われていない。また、多くの場合、サゴデンプン作りはサゴヤシ生育地の近くに仮小屋を作り、そこをベースに泊りがけで行われた。表3—1には、一九八六年一一月から翌年の一一月までの一二・五か月にグワイマシで利用されたサゴヤシのデータを加えてある（Dwyer and Minnegal 1994、以下のグワイマシに関するデータや記述はすべてこの論文に依拠している）。

表3-2　サゴデンプン作りの各作業時間とその割合

調査年	幹削り（分）	髄叩き（分）	髄絞り（分）
1988	542（32.0%）	413（24.4%）	738（43.6%）
1994	130（21.6%）	164（27.2%）	308（51.2%）
合計	672（29.3%）	577（25.1%）	1,046（45.6%）

シウハマソンで一本のサゴヤシから作られたデンプン量の平均値をみると、一九九四年では一九八八年の約一・五倍になっている。また、二回の調査時ともにレンジは大きく、最大値と最小値の差は、それぞれ二一一・五キログラムと一五〇・一キログラムで、ともに平均値よりも大きかった。一般にサゴヤシに含有されるデンプン量は、樹齢や開花結実との関係で異なる。さらに、クボではサゴヤシを、その味、保存可能期間、抽出さ

れるデンプンの色、などにより三〇種以上に分類しており、それぞれについて利用すべき時期(開花直前・結実後等)を分けていた。こうしたサゴヤシ自体の特性によって、一本のサゴヤシから作られるデンプン量は大きく異なっており、そのことがレンジの差に反映していると考えられる。平均値が増加したことについては、現在のところその要因を十分に説明するだけの資料を持ってはいない。しかし、一九九四年の調査時には、SDAの集会の準備のために村を離れてノマッドに滞在する者が多く、サゴヤシを利用者する者が少なかったため、デンプン含有量の多いサゴヤシを選択的に利用していた可能性はあるかもしれない。また、一九八八年には、幹削りにおいて石斧を使用していたが、一九九四年には斧先に空き缶を取り付けて幹を削るようになっていた。その結果、削りかすはより細かくなり、デンプン抽出が容易になったことも関係しているかもしれない。

タウンゼントは(Townsend 1974)、セピック川上流のサニオ・ヒオウェ集団について、五本のサゴヤシの事例をもとに、一本のサゴヤシから作られるデンプン量を八二キログラム(レンジは二八〜二〇五キログラム)と報告している。また、大塚さんはフライ川下流域に住むギデラ集団について、八本の事例から六六キログラム(レンジは二八〜一〇四キログラム)と報告している(大塚 一九七七)。いずれの場合も、シウハマソンの例と同様に、レンジがきわめて大きくなっている。つまり、一本あたりのサゴヤシに含まれるデンプン量の変異がどの地域でも大きいのである。しかし、平均値では二つの報告ともに一〇〇キログラムを下回っており、クボの利用するサゴヤシが他の地域よりも多くのデンプンを含有していることを示唆している。この傾向は、グワイマシの例やシウハマソンでのパの例からもうかがえる。なお、野生種と移植種では、後者が前者を若干上回ってはいるものの、有意な差とはいいがたい。これは、クボにおいては、サゴヤシの移植は集落の近くのクリーク沿いに側枝を植え替えるのみであり、その後はほとんど手をかけないために、両者にそれほど差が生じないことによると思われる。つまり、この場合、移植は栽培と異なり、単にサゴヤシ資源の移動を意味するのだろう。一人日あたり及び一時間あたりのデンプン生産量をみると、一九九四年のデータは一九八八年よりもそれぞれ三〇％強の増加が認められた。これは、前述のように、一九九四年にはデンプン含有量の豊富なサゴヤシを選択的に利用した可能性と、道具の変化が関係しているのかもしれない。しかし、シウハマソンとグワイマシ及びシウハマソンにおけるパの女性の生産性を比較すると、より顕著な差異が認められる。同じクボの居住地に生育するサゴヤシでありながら、クボとパでは一日あたり、一時間あたりともに約三倍の差が生じている。また、同じクボの間でもシウハマソンとグワイマシでは、生産性に若干の差異が生じている。

パの女性がシウハマソンで利用したサゴヤシはわずかに一本であり、そこから得たデータのみで判断するのは早計ではある。しかし、シウハマソンの人びとが、サゴデンプン作りにおけるパの女性の時間あたり生産性の高さについてしばしば言及していたこと、また、一時間あたり二・九五キログラムという生産性が、セピック川流域サウォス集団の三・六六キログラム、プラリ川下流域コロカイバ集団の三・五キログラム、プラリ川流域カイリ集団の二・六キログラムなど（Townsend 1982: 15）、パプアニューギニアの時間あたりの生産性が比較的高い集団とほぼ同程度であることを考え合わせると、一例のみのパとクボとの比較からも、ある程度の傾向は読みとることができると思う。

シウハマソン、グワイマシ、パの三者の生産性に差異を生じさせた大きな要因は、サゴデンプン作りの道具及びデンプン精製方法の違いによるものと考えられる。まず、シウハマソンとグワイマシを比較すると、前者のサゴデンプン作りの特徴は、削った髄を絞る前にサゴヤシの葉柄で作られるサゴ濾過器の上で、竹ザオでおがくず状の髄を叩くことにある。この作業は、シウハマソンにおける実労働時間の約四分の一を占めている（表

3―2)。ドワイヤーとミネガルの試算によると、仮にシウハマソンにおいて髄叩きを行わないで同様のデンプン量を生産したとすると、一時間あたりのデンプン量は一・三キログラム(一九八八年のデータに基づく)となり、グワイマシのデータとそれほど違わない結果となる。さらに、グワイマシにおいて、髄叩きを行ったサゴヤシの実労働一時間あたりの生産性は一・一七〜一・二六キログラムと試算され、これに移動及び休憩を加味すると、シウハマソンとほとんど変わらない結果になる。

かつて私は、他地域との比較から、シウハマソンにおける髄叩き作業は時間あたりの生産性を減ずる原因のひとつではあるが、竹ザオで叩くことで髄は細かく砕かれデンプン抽出を容易にし、サゴヤシ一本あたりの生産性を向上させていると考えた(須田 一九九五b)。しかし、グワイマシの事例との比較によれば、ドワイヤーとミネガルが指摘するように、髄叩きが幹の体積あたりの生産性を必ずしも向上させてはいないという可能性も出てくる。一方、サゴヤシ一本を利用するのに要する延べ人数をみると、シウハマソンの事例(一三・四及び一六・三人日)がグワイマシ(一〇・二人日)を上回っている。さらに、次節で詳述するように、シウハマソンではサゴデンプン作りのグループ構成にも柔軟性が認められる。以上のことを考え合わせると、シウハマソンにおける髄叩きによる時間あたりの生産性の低さは、作業に参加する人数を増やすことで相殺されているとみることができる。

パとクボのサゴデンプン作りの違いは、髄叩きを行わないことのほかに、幹を削る道具にもある。グワイマシを含めて、クボが使用する幹削りの道具は、L字型の木製の柄に角岩製または礫岩製の石斧を結びつけたものである。近年になってサバの缶詰が普及し、その空き缶を石にかぶせて使用するようになったものの、基本的な様式は変化していない。一方、パが使用するのは堅木をとがらせたL字状の道具である。両者を比較する

写真3-4　サゴヤシを削るための石斧

と、パの削りかたの方が髄をより細かく砕くことができ、その結果、短時間でより多くのデンプンを抽出することが可能になっていると考えられる。パが、髄叩きを行わないにもかかわらず、一本あたりのデンプン量がクボより多く、また、一日あたり及び一時間あたりにつき三倍以上の生産性をあげていることは、髄叩きに生産性を向上させる効果がない可能性を示唆している。

グワイマシやパとの比較を通じて明らかになったことは、シウハマソンのサゴデンプン作りは、時間あたりの生産性が低いということである。これはいささか奇妙な現象であるといえる。前述のように、植民地政府によりノマッドにパトロール基地が設立され、周辺諸集団間の戦闘状態が終結されてから、クボを含むストリックランド・ボサビグループの各集団は、他集団と頻繁に接触するようになった。その結果、人やもの、技術、情報は以前にまして流通するようになっている。実際、シウハマソンの人びとは、グワイマシなど北部にあるクボの集落ではサゴデンプン作りの際に髄叩きをあまり行わないことを知っていた。また、パの女性がサゴデンプン作りに出かける前に、彼らがクボとは異なりきわめて生産性が高いことを私に指摘する者も多かった。

　シウハマソンの状況は、一方では石斧に空き缶を取り付けるといういわば技術革新を行いながら、他方では髄叩きに固執し、さらにはパで使われている道具の導入にも消極的であるという矛盾したものとなっている。シウハマソンで、なぜ生産性の高い技術や方法を採用しないのかを明らかにするのは難しい。しかし、単位時間あたりの生産性が低いことは、マイナスの面のみを持っているわけではない。作業への参加人数を増やすことで、より多くの人びとにサゴデンプン作りの機会を提供しているとみることもできるのである。シウハマソンは、八つのロングハウスが集まって作られた定住集落であり、資源に対する圧力は以前よりも強いものになっている。また、次章で詳述するように、人びとの中にはかつての居住地を離れて暮らす者も多く、彼らに食物資源を提供することは、集落の存続にはかかせない条件でもあるからである。

　ここで、シウハマソンにおけるサゴデンプン作り作業中の髄叩きの持つ意義が問題となってくる。仮説としては、ただ単に時間あたりの生産性を減じているだけという可能性と、かつて私が指摘したように（須田一九九五b）、体積あたりの生産性を向上させる効果があるという二つが考えられる。後者の場合、シウハマソンが八つのロングハウスが集まってできた定住集落であるため、サゴヤシ資源への圧力が高まっており、髄叩きはそのことに対応するための方策とみなすこともできる。一本あたりのサゴヤシから作られるデンプン量の平均値が、利用者の少ない一九九四年の調査時に増加したことは、その可能性を示唆している。

　さらには、食物獲得活動とそれに対するクボの観念の結びつきにも注意する必要がある。シウハマソンの人びとは、パや北部に住むクボのサゴデンプン作りの方法が自分たちとは異なっていることを知っていた。また、彼らの生産性が自分たちより高いことも知っていた。しかし、生産性の違いを、技術や方法の違いに結びつけるのではなく、パや北部クボの持つ呪力のせいと考えていた。彼らと同じ程度に生産性を向上させるためには、技術や方法だけでなく、彼らのもつ呪的な力を獲得しなければならないと考えていたのである。彼らのこうした技術と呪術に関する観念が、時間あたりの生産性の低さを克服する試みを阻害していたのかもしれない。これらのことを明らかにするためには、技術的側面と呪術に代表される観念及び環境が結びついて形成される生産システムのトータルな把握が必要となるだろう。

2 サゴデンプン作りのグループ構成

1……サゴデンプン作りのグループ

個体追跡法と定点観測法によるサゴデンプン作りに関するデータには、生産量だけでなく誰と誰が一緒に出掛けたのかも記録した。前節で分析したように、一本のサゴヤシを利用するのにかかる時間は、一九八八年には一三・四人日、一九九四年には一六・三人日であり、平均すると一四・三人日かかっていた。つまり、二人のグループならおよそ一週間、三人ならば五日間、四人ならば三日半かかることになる。観察を続けると、そのグループ構成が日によって変わっていることに気づいた。人数も変動したし、メンバー構成も変化していた。また、サゴデンプン作りが終わって、しばらくして別のサゴヤシからデンプンを作ることになった時にも、引き続き前回のグループ構成が踏襲されるということもなかった。私はパプアニューギニアで調査をはじめる前にサゴデンプン作りに関する文献を読んでいたが、グループに関してはほとんどが親族関係を中心に構成されると報告されていた。その理由は、所有権との関連がおおきな要因となっていた。本節では、パプアニューギニアの他の地域とは異なるシウハマソンのサゴデンプン作りのグループ構成について分析する。

八つのロングハウスが集まって形成された定住集落であるシウハマソンでは、親族や姻戚関係にない人びとや、言語集団の範囲を越え、生地を離れて移入してきた人びとも暮らすようになった。このような集落の再配置は、植民地政府の影響のもと、いままでにパプアニューギニアの多くの地域で生じている。その結果、人びとの生活は大きな変化を余儀なくされ、さまざまな問題に直面するようになった。これまで、多くの研究者は、集落の再配置が社会的政治的組織、価値観、行動パタンに与えた影響（Moraes-Gorecki 1983; Strathern 1982a, 1982b; Grant 1987; Johnson 1988など）や、健康や栄養に与えた影響（Ohtsuka et al. 1985; Dennett and Connell 1988など）に焦点を当てた研究を行ってきた。しかしながら、これらの研究は貨幣経済の浸透、経済のグローバル化、経済開発などによるインパクトを問題としており、外部との接触が比較的最近のことであるため貨幣経済の影響がそれほど大きくはないという、クボが直面している状況とはおおきく異なっている。クボの場合、植民地政府との本格的接触は一九六〇年代に入ってからのことであり、自給自足を基本とした生計維持を行っていたからである。そこで、集落内の成員の間で、土地やその他の資源に関する不平等が増大しつつある状況に、人びとがどのように対応しているかを明らかにするために、本節ではサゴデンプン作りにみられる作業組織に焦点を当てて、この問題を考えたい。

前述のように、サゴヤシは一〇～一五年で開花・結実し、その直前にもっとも多くのデンプンを幹に蓄えるとされている。したがって、サゴヤシを切り倒し、デンプンを抽出するには樹齢一〇～一五年のものがよい。また、サゴヤシは世帯や個人で所有権が設定され、それが相続されるのが一般的である。それゆえ、集落内において世帯間または個人間で所有権に差異が生じる可能性が大きくなる。パプアニューギニアのいくつかの社会では、サゴデンプン作りは世帯内で組織されることもあるが（Morauta 1982）、多くの社会では、サゴデンプン作りの作業グループは親族や姻戚関係に基づいて組織されることが多く、複数の世帯の成員を含んでいる（Schieffelin 1976: 73-74; Ernst 1978: 188; Ohtsuka 1983; Knauft 1985: 164-165）。ギデラを調査した大塚さんは、サゴデンプン作りのグループは兄弟関係や配偶関係に基づいて組織されるが、親族や姻戚関係にない個人がグループに参加することもあり、それが集落内のサゴデンプン作りの安定化に貢献していると報告している。

ここでは、定量的データに基づいて、個人や世帯、それにシウハマソン全体の社会生態学的及び行動学的特徴と関連づけて、サゴデンプン作りの組織を分析する。なお、本節でもちいるデータは一九八八年の調査時に収集したものである。

2……サゴヤシの所有権

サゴヤシはパプアニューギニアの広い地域で利用されているが、地域により、また集団により、その所有のあり方は大きく異なっている。クボを含むストリックランド・ボサビグループの各集団でも、サゴヤシの所有や相続、利用の方法は異なる。クボの東約二五〇キロメートル、ボサビ山の山麓に住むカルリでは野生のサゴヤシを利用しているが、一本ごとがその近くのロングハウスに住む者に個人的に所有され、必要に応じて家族で利用し、男系を通じて分割相続される（Schieffelin 1976）。カルリの北約二〇キロメートル、シサ山の山麓に住むオナバスルでは、個人が所有するサゴヤシを家族で利用する(Ernst 1978)。また、ノマッド川を挟んでクボの南に住むゲブシでは、移植されたサゴヤシは男系を通じて相続されるが、同じロングハウスに居住する者にも利用権が認められている(Knauft 1985)。

一方、クボでは前述のように野生と移植の両方を利用しているが、両者では所有権のあり方が異なっている。野生のサゴヤシの場合、所有権はそれが生えている土地を所有するオビに帰属する。一九八八年の調査時にシウハマソンには一七のオビに所属する二九世帯が住んでいたが、そのうち土地を所有しているのは九つのオビに属する世帯だけであった。クボでは、婚姻により女性の親族集団への帰属が変化しないため、これらの親族集団から婚出した女性も出身集団の土地を利用することができる。そのため、二九世帯のうち夫か妻が土地を所有しているのは一七世帯だった。残りの世帯が所属するオビはサモやベダミニ起源、または北部から移住したクボであり、シウハマソンの周辺には土地を所有しておらず、したがって野生のサゴヤシを所有していなかった(表3―3)。

これに対し、移植したサゴヤシは移植者の個人所有となる。移植したサゴヤシの所有者はそれが植えられている土地の所有者とは別のものであり、所有権は移植という行為によって付与されたとみなすことができる。移植は、畑仕事の合間などにその近くを流れるクリーク沿いに側枝が植えられることが多く、切り開かれた畑の近くに植えられることで日光がよくあたり、若いサゴヤシの生長が促進されることになる。クボでは、移植されたサゴヤシ、及びその後継のサゴヤシは、男女を問わず子供たちに均分に相続される。

このように野生・移植のサゴヤシに対して、それぞれ明確な所有権が設定されているにもかかわらず、実際の利用はかなり柔軟に行われていた。野生にせよ移植したものにせよ、あらかじめ所有者に了承を得ることに

表3-3　世帯構成とサゴデンプン作り

世帯番号	成員数	労働可能女性数	土地所有[1)]	親族関係にある世帯数[2)]	成員の成人男性換算値	投下労働量（人日）	デンプン作りの回数
01	5	1	W	13	2.65	12	3
02	6	1	H, W	10	3.35	1	1
03	6	2	—	5	4.25	17	2
04	2	1	—	7	1.85	7	1
05	10	3	H	17	6.45	24	4
06	4	1	W	7	1.85	10	1
07	3	1	H	11	2.30	11	2
08	3	1	—	12	2.20	11	2
09	3	1	—	2	2.25	11	2
10	4	2	H	12	3.10	20	3
11	2	0.5[3)]	H	7	1.40	3	1
12	4	1	—	1	2.40	11	1
13	3	1	—	10	2.20	13	2
14	3	1	H	11	1.85	8	2
15	3	1	H	9	2.15	8	2
16	4	0[4)]	H	11	2.35	0	0
17	2	1	H	9	1.80	2	1
18	2	1	—	4	1.85	10	2
19	4	1	W	10	2.55	17	2
20	3	1	—	14	2.85	9	2
21	8	2	—	14	4.40	26	3
22	2	0	W	7	1.45	3	1[7)]
23	1	0	—	6	0.85	11	2[8)]
24	5	2	—	11	3.10	22	4
25	2	0	W	9	1.00	0	0
26	3	1	H	6	2.85	13	3
27	3	1.5[5)]	H	2	2.55	23	3
28	3	1	—	8	2.15	10	2
29	3	1.5[6)]	W	17	2.65	15	2
合計	106	31.5			72.65	328	

1)：H(夫)またはW(妻)による土地所有
2)：世帯の夫及び妻が血縁又は姻戚関係を有するすべての世帯数
3)：妻は1998年9月にシウハマソンに婚入
4)：調査期間と妻の妊娠・出産が重なる
5)：妻の母が1988年9月に転入
6)：北部に住むクボの女性1名が調査期間の半分ほど生活
7)：寡夫がサゴを作る
8)：他集落の女性2名が一時的に滞在しデンプン作りに参加

よって、非所有者もある程度自由にサゴヤシを利用することができたのである。一九八八年の調査期間中に二三回のサゴデンプン作り作業が行われ（表3―4）、そのうち一六回についてその所有者と利用者を同定した。これら一六本のなかで、野生のもの六本のうち三本、移植したもの一〇本のうち三本は、所有者とはまったく親族関係にない人びとのグループが利用したものだった。

表3-4　サゴデンプン作りグループの人数と作業日数

参加人数	回数	平均作業日数（レンジ）
1	1	3.0（－）
2	10	4.9（3–10）
3	6	5.0（5–8）
4	4	5.8（5–7）
5	1	7.0（－）
9	1	10.0（－）
合計	23	5.8（3–10）

また、リゴヤシの非所有者が所有者の了承を得ることでサゴデンプン作りを行うということの他に、所有者が企画したサゴデンプン作りに参加することによってデンプンを手に入れることもできた。サゴデンプン作りの多くは複数の女性が参加して行われる。表3―4に示したように、二三回のサゴデンプン作りのうち、一人で行われたのはわずかに一回であり、残りの二二回は二名から九名までのグループで行われた。これらのサゴデンプン作りのグループ構成を分析することによって、シウハマソンのサゴデンプン作りと所有権・利用権の関係を明らかにすることができるのではないかと考えた。

3……分析方法

前述のように、クボにおけるサゴデンプン作りは、初日の男性によるサゴヤシの伐採以外の作業は、通常女性のグループによって行われた。まず、野生のサゴヤシの所有権を有する土地を所有する世帯と、所有しない世帯で作業日数に差があるのかを調べようと考えた。個体追跡法と定点観測法により、それぞれの女性が実際にサゴデンプン作りに費やした日数は記録しているので、そのデータを分析した。具体的には、主たる労働力である既婚女性を、シウハマソン周辺に土地を所有する世帯（夫方と妻方双方）と土地を所有しない世帯に分け、作業日数の差を比較した。

作業日数に差が出る要因としては、（1）土地所有の有無、（2）世帯内の女性労働力、（3）Thomson（1954）に従い、世帯ごとに必要な栄養量を知るため世帯の成員を性と年齢により成人男性に換算した人数、（4）それぞれの世帯の夫または妻が親族（血縁及び姻戚）関係にある世帯の数などが考えられる。そこで、それらを独立変数とし、作業日数を従属変数として重回帰分析を行い、作業日数に関係のある要因を推定した。

一九八八年七月から一一月までの五か月間の調査期間中、二世帯（表3—3の世帯番号一六と二五）はサゴデンプン作りを行わなかった。世帯番号一六は、調査期間と妻の妊娠、出産が重なっており、また、世帯番号二五は老齢の寡夫とその息子からなり、息子の小学校への通学のためもっぱらノマッドに居住していた。息子とは、前述のオソサヤである。残りの二七世帯は平均二・〇七回のサゴデンプン作りに参加し、のべ一一・九六人日の作業を行った。このうち、世帯番号二二は寡夫と学齢期前の娘からなっており、寡夫がサゴデンプン作りを行った。サゴデンプン作り作業は、通常二～四名の女性のグループによって行われるが、一人あたりの平均作業日数は、参加人数にかかわらずほぼ等しい（表3—4）。これは、人びとがサゴヤシの大きさに応じて参加人数を調整しているためと思われる。

サゴデンプン作りの作業グループの構成原理を明らかにするためには、どのような関係にある女性が同じ作業グループに参加するのか、一緒に参加することが多いグループが存在するのか、を明らかにする必要がある。そこで、労働可能なすべての女性について、他の女性との二者の組み合わせを取りあげ、それぞれがどのような関係に基づいているのかを判定することにした。ここで、組み合わせに影響を与えると考えられる要因として以下の七項目を独立変数とした。すなわち、（1）血縁関係、（2）姻戚関係、（3）同じ共食ユニットへの所属、（4）SDAへの改宗の有無、（5）同じ言語集団への所属、（6）かつて同じロングハウスで暮らしていたかどうか、（7）同じオビに所属しているかどうか、である。第1章でも触れた共食ユニットとは、かつてのロングハウスのような比較的大きな家屋を中心に、食事だけを共にするグループで、シウハマソンの中の小区画であるガビとユマビにあった。ガビで食事を共にするのは、世帯番号九～一二の四世帯で、九と一二、一〇と一一にそれぞれ血縁関係があった。ユマビのグループは世帯番号二二～二九の八世帯で、世帯番号二八をのぞいて、世帯番号二五を中心に血縁または姻戚関係を持っていた。シウハマソンにおける女性のすべての組み合わせについて、上記の七項目それぞれに関係が認められた場合には一点を、認められない場合には〇点を与えた。たとえば、それぞれの組み合わせについて血縁関係が認められた場合には項目（1）血縁関係に一点を、そうでない場合には〇点を与え、以下、項目七まで同様に判定を行った。

つぎに、これらの要因がサゴデンプン作りのグループ構成にどのような影響を与えているのかを明らかにするため、大塚さん（Ohtsuka 1983: 141）がギデラのサゴデンプン作りグループの分析をする際に使用した共働係数（scored cooperative efficiency）を適用した。女性Aと女性Bの共働係数は以下の式で求められる。

1/2×［（AとBが同じグループで作業を行った日数／Aの全作業日数）＋（AとBが同じグループで作

業を行った日数／Bの全作業日数)〕

AとBが常に同じグループでデンプンを作る場合には、両者の共働係数は一・○になる。また、一度も同じグループにならなければ○となる。上記の七つの要因がグループ構成に与える影響を明らかにするため、これらを独立変数とし、共働係数を従属変数として重回帰分析を行った。

4……分析結果と考察

結果は以下のとおりである。土地を所有しない世帯に属する一四人の女性の平均作業日数は九・七一人日で標準偏差は二・九二、標準誤差は○・七八だった。いっぽう、土地を所有する一九人の女性の平均作業日数は八・四二人日で標準偏差は四・一五、標準誤差は○・九五だった。平均作業日数は土地を所有しない世帯の方が多くなっているが、統計的には有意な差ではなかった。つまり、シウハマソンでは野生サゴヤシの所有権の基本原則になっている土地所有は、サゴデンプン作りの投下労働量に有意に関連していないことがわかった。

つぎに、作業日数(人日)を従属変数とし、(1)世帯内の労働可能な女性の数、(2)土地所有、(3)世帯成員の成人男性換算値、(4)親族関係にある世帯の数、を独立変数に設定した重回帰分析を行った。決定係数(R^2)は0.6326で、かなり高い値になった。標準化回帰係数をみると、以下の三点がわかった。まず、四つの独立変数のうち、(1)世帯内の労働可能な女性の数のみに投下労働量との有意な相関関係がみられた。つまり、世帯内の働き手が多いほど労働量が多いということである。つぎに、土地所有は投下労働量と有意に相関しないことがわかった。これは前述の作業日数の分析結果と一致している。最後に、世帯成員の成人男性換算値と投下労働量に有意な相関がないことから、それぞれの世帯が必要とするサゴデンプン量と実際のサゴデンプン作りの労働量にそれほど関連がないことがわかった。

これらの分析の結果から、土地やサゴヤシの所有権と実際のサゴデンプン作りとの関係は、以下のようにまとめられる。シウハマソンでは、すべてのサゴヤシに所有権が設定されていたにも関わらず、実際には柔軟なサゴデンプン作りが行われていたのである。ロングハウスから大きな定住集落へと生活が変化したことに伴い、集落の近くにサゴヤシを所有していない世帯も増加していた。サゴヤシの柔軟な利用は、これらの人びとの生存と集落の社会的紐帯の確立に重要な役割を演じていたと思われる。

シウハマソンでのこの特徴は、所有権と利用権がほぼ一致しているギデラとはきわめて好対照である。大塚さんは、「オリオモ（ギデラ）のように、サゴヤシが個人によって所有され、世代を越えて相続される社会では、人びとの土地への執着が適応機構の中に埋め込まれている」（Ohtsuka 1983: 164）と述べている。これに対し、外部との接触以前のクボの社会では、女性や資源をめぐる葛藤や襲撃がしばしば起こり、その結果ロングハウスコミュニティは半遊動的で離合集散を繰り返していた。したがって、クボの生地への執着はそれほど強いものではなかったのかもしれない。

次に、サゴデンプン作りグループの構成について考える。まず、すべての作業グループに参加した女性の組み合わせから共働係数を算出し、クラスター分析によってまとまりごとのデンドログラムを作ろうと試みた。しかし、組み合わせはバラバラ過ぎて、何名かの個人が集まるクラスターは形成されなかった。つまり、作業はその時どきによりメンバーを変えて行われており、特定のグループが一緒に行くことがないことがわかった。

そこで、すべての女性の組み合わせについて、前述の七つの変数ごとに共働係数と関係しているかを統計的に検討した。すべての変数のうち、同じ親族集団への所属以外が共働係数と有意に関連していた。また、共働係数を従属変数とした場合の重回帰分析の結果、決定係数はそれほど高くはないものの、「共食ユニット」、「血縁関係」、「姻戚関係」、「言語集団」、「改宗の有無」の五つが有意な関係にあることがわかった。さらに、「血縁関係」と「姻戚関係」が共働係数に同程度の関連性を持っていること、必ずしも親族関係に基づいて構成されていない「共食ユニット」が共働係数ともっとも強い関連があることもわかった。

サゴデンプン作りに構成原理がないことを、他の観察結果を参照しながらもう少し考えてみたい。複数の女性を含む二二のサゴデンプン作りグループのうち、半数の一一だけが何らかの親族関係にある女性の組み合わせを含んでいた。しかも、この一一例の多くは（図3―1）、母子や姉妹など密接な親族関係に基づく組み合わせをあまり含んではいなかった。つまり、シウハマソンでは、サゴデンプン作りにおいて所有権に規定されない柔軟な資源利用に加えて、その作業グループの構成も柔軟に組織されていたとみなすことができる。このことは、生地を離れ、かつ、親族関係にない人びとが暮らす現在の定住集落での生活に有効に機能していたあらわれといえよう。

以上の分析を通じて、シウハマソンのサゴデンプン作りの特徴を以下のようにまとめることができる。第一に、サゴヤシ資源の利用は、所有権によって規定されているのではなく、「世帯内の労働可能な女性数」などの要因に関連するだけである。第二に、サゴデンプン作りグループの構成は、パプアニューギニアの他の集団でみられるように、親族などに基づく明確な原理で組織されてはいなかった。これらの特徴は、生地を離れ遠隔地からシウハマソンに参加した人びとの生活を保障する機能があったといえる。

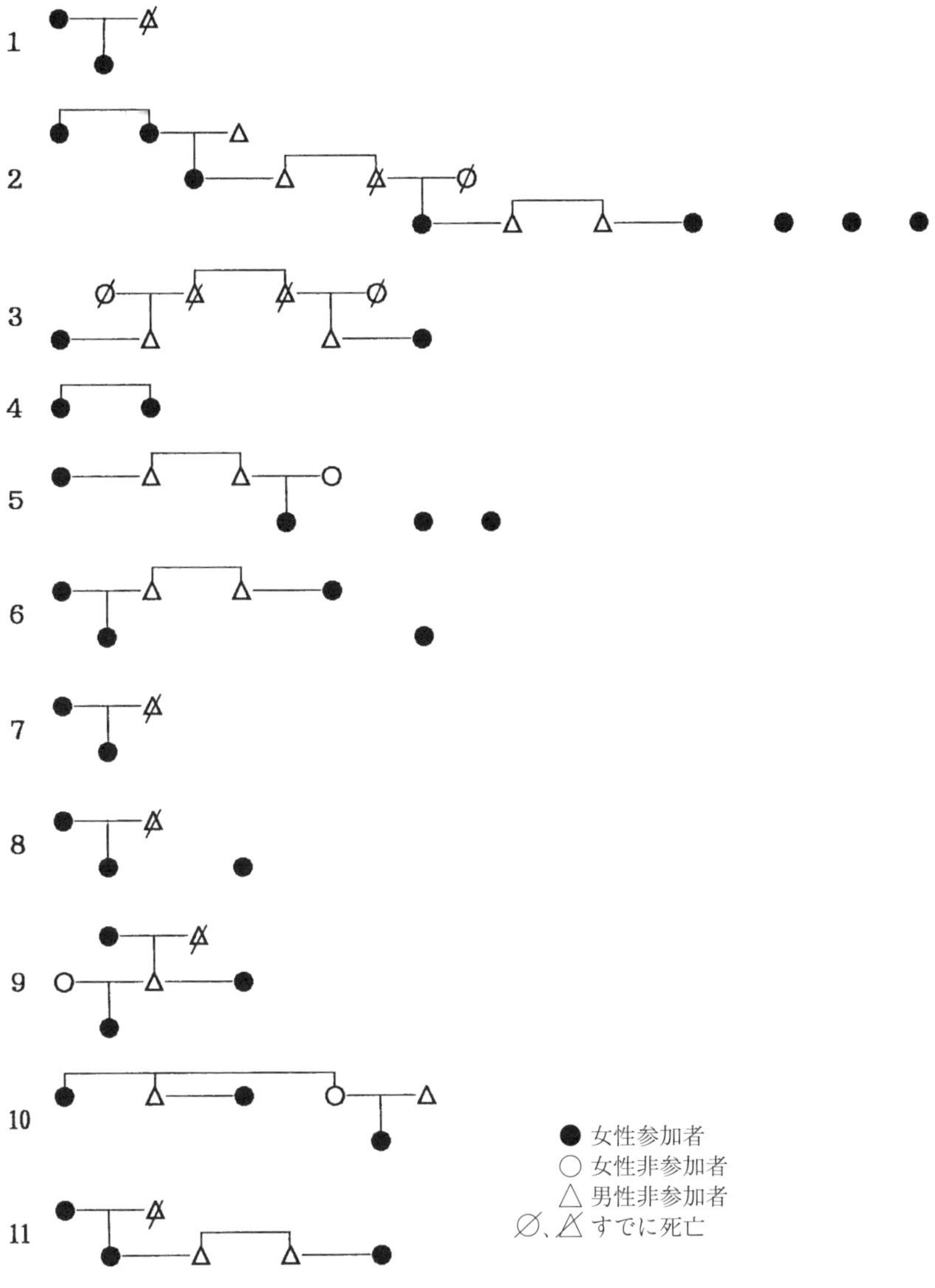

図3-1　サゴデンプン作りグループの親族関係

パプアニューギニアにおけるいくつかの研究では、貨幣経済の浸透が集落内の経済的不平等を導いたことを指摘している（Berde 1979; Strathern 1982a, 1982b; Moraes-Gorecki 1983; Grant 1987; Johnson 1988）。まだそれほど貨幣経済の影響を受けていないクボにおいても、定住集落での生活に代表される社会変化は、土地や資源の所有について集落内の不平等をもたらした。しかしながら、サゴヤシ資源の柔軟な利用や作業グループの柔軟な構成により、個人間あるいは世帯間の不平等は平準化されていたと考えることができる。こうした資源利用の柔軟性は、彼らの生活の根底にある平準化への強い志向性に基づいていると思われるが、この点については次章で詳しく論じたい。

COLUMN 4

インドネシアのサゴデンプン作り

サゴヤシからデンプンを抽出し食料として利用することは、ニューギニア島だけでなくインドネシア中部のスラウェシ島や東部の島々でも行われている。一九九六年にインドネシア東部マルク州のセラム島の南西部エルパプティー湾に面したサフラウ村で、短期間ながら調査を行った。転勤が多い小学校の先生などの公務員を除いた村の世帯数は一〇二、人口は五二四人だった。主な生業は農業、漁業、サゴデンプン作り、家畜飼養からなり、いずれも自給よりも販売を主目的としていた。このうち、サゴデンプンは村びとにとって最大のエネルギー源であると同時に収入源でもあった。集落は海岸線とほぼ平行にはしる幹線道路沿いに立地しており、その北西側には農地として利用される平地が、さらにその奥には公営のゴムのプランテーションとチョウジ林が続いていた。平地を網の目のように流れる小川に沿った湿地に、サゴヤシ林が形成されていた。サゴヤシ林はほぼ純林といってよく、おそらく他の樹木を伐採してサゴヤシの生育環境を整備したり、移植したりして管理してきたと思われた。

サフラウ村でのサゴデンプン作りの方法はクボとは少々異なっていた。まず、切り倒したサゴヤシの幹を縦に半分に割り、先端に竹を取り付けたサゴ打ち棒で、髄を叩いて繊維をほぐす。この繊維くずを集めて、川辺に設置された濾過場でデンプンを洗い出す。濾過器に吊り下げられた布製の袋に繊維くずを入れ、水をかけながら手で絞る。デンプンを含んだ水は沈殿槽に蓄えられて、デンプンが沈殿するのを待つ。待ち時間はクボでは一時間ほどだったが、ここでは数日間放置することもあった。沈殿槽には木の幹をくりぬいて作ったものや古くなったカヌーを利用していた。沈殿したデンプンは、トゥマンと呼ばれるサゴの葉を編んで作った円筒形の容器に詰められる。スラウェシ島でもサゴデンプンを詰める容器はトゥマンと呼ばれていたが、大きさは地域によって異なっていた。サフラウ村のトゥマンを一〇数個計測したところ、重量の平均値はおよそ二〇キログラムだった。

写真3-5　サゴ打ち棒で髄を叩く

一本のサゴヤシからトゥマンが五～一五個得られるという。つまり、サゴヤシ一本から一〇〇～三〇〇キログラムのデンプンが作られることになる。この数字は、クボの生産量よりもはるかに多い。男性二人が一本のサゴヤシから自給用に作ったデンプンを計量させてもらったところ、一〇トゥマンで二四一キログラムだった。なお、デンプン作りに利用するサゴヤシは開花直後が良いとされ、開花直前のものは食料が不足した時だけ利用するということだった。

写真3-6　濾過器と沈殿槽。左奥に二個のトゥマンが見える

サフラウ村のサゴデンプン作りは男性によって行われていた。通常は二人が組んで、髄を叩く作業と繊維くずを絞る作業を分担し、出来上がったデンプンを半分ずつに分けていた。一九九四年からは、販売を目的として大量生産をするために、サゴの髄を粉砕する機械も使われるようになった。粉砕機は表面に鉄の突起をつけたドラムを、ガソリンを燃料とするモーターで回転させるもので、製材所さながら次からつぎに髄を削っていた。粉砕機を使用すると短時間に大量の繊維くずが出来上がるので、四人ほどでチームを作り複数の濾過場でデンプンを洗い出していた。

写真3-7　粉砕機でサゴヤシを削る。右下にトゥマンが見える

サフラウ村のサゴヤシは所有権が明確に決まっていた。村の世帯主の三二%はこの土地にもっとも古くから住んでいる九つの父系クランに属していて、彼らが村のすべての土地を所有していた。残りの世帯は、彼らから土地を借りるか譲り受けていた。サゴヤシも同様で、いわば草分けの世帯が所有していたが、サゴヤシを所有していない世帯は、立木を購入するか、生産したサゴデンプンの一部を所有者に納めることにより、サゴヤシを利用していた。立木の値段は一本一万五〇〇〇〜二万ルピア（一九九六年当時一ルピア＝〇・〇五円）で、生産物を納める場合は生産量の一〇〜二〇%だった。また、トゥマン一個の値段は四〇〇〇ルピアだった。作られたサゴデンプンは自給、または村内で販売されるほか、自島での需要を賄うことができない周辺のサパルア島などにも出荷されていた。

サフラウ村のおよそ三分の一にあたる三八世

写真3-8　パペダを作っているところ

帯を対象に行ったアンケート調査では、サゴデンプン作りを行っている世帯は約五二％で、そのうちサゴヤシを所有している世帯は約六〇％だった。また、粉砕機を使うチームに参加しているのは約三五％で、一世帯あたりの一か月の利用本数は平均三・二本だった。

クボとの生産量の違いが、利用するサゴヤシの生育段階の差によるのか、含有する水分量によるのか、作業工程の違いによるのかは判らない。サゴヤシ学会が編集した『サゴヤシ』（二〇一〇）には、マレーシア、インドネシア及びパプア・ニューギニア（原文ママ）の個体当たりのデンプン収量が表としてまとめられ、私が調査したクボや大塚さんが調査したギデラの数値も引用されている（二二一頁）。一本あたりの生産量は乾燥デンプン量とされているが、前述の通りクボとギデラの数値は作り立てのいわゆる濡れサゴ状態のものであり、それがそのまま乾燥デンプン量として引用されている。表ではインドネシア・スラウェシ島の南スラウェシ州の三一本の平均は二〇三キログラム、セラム島の山村（標高七三〇メートル）の四一本の平均は六八キログラムとなっている。もしこれが乾燥デンプン量であるとすれば、作り立ての濡れサゴ状態ではそれぞれ、四五一キログラムと一五一キログラムになり、クボの平均値よりも多いことになる。同書によれば、サゴヤシ一本あたりのデンプン収量は、生育段階、変種、野生種と栽培種、土壌の種類、林内遮光、標高などにより変異が大きいとされている。それらに加えて、生産量にはデンプン抽出の方法も影響するだろう。クボとインドネシアのサゴデンプン生産量の違いがどのような要因によるのかは、さらなる検討が必要であると思われる。

サゴデンプンは、熱湯を注いでかき混ぜくず湯状にしたもの（パペダと呼ばれていた）に、魚を入れて作ったカレー状のスープをかけて食べられていた。また、いくつか仕切がある特殊な土器にサゴデンプン

写真3-9　土器にサゴデンプンを入れてサゴ・レンペンを作る

写真3-10　サトウヤシからのデンプン作りのための沈殿槽。手前は粉砕したサトウヤシの髄

を入れて焼いた固いビスケットのようなもの（サゴ・レンペン）を、紅茶やコーヒーに浸して食べることもあった。

二〇一四年に訪れたジャワ島西ジャワ州のスメダン県では、道路沿いの小さな工場で粉砕機を使ってデンプン作りが行われていた。粉砕した髄を洗い出して沈殿槽に貯めるという方法はセラム島で見たものとほぼ同じだった。また、酸化した繊維くずの酸っぱい匂いも同じだった。周囲でサゴヤシを見かけたことがなかったので、不思議に思い尋ねてみると、デンプン作りに使っていたのは、サゴヤシではなくサトウヤシ（*Arenga pinnata*）だった。採取した樹液を煮詰めてパームシュガーを作る作業や、実を煮て食べることは観察していたが、サトウヤシからもデンプンを作ることは知らなかった。スメダン県では、出来上がったデンプンは主食としてではなく、サゴデンプンと同様に菓子作りに利用されるということだった。

何度か出かけたマレーシア半島部東海岸のトレンガヌ州でも、サゴデンプンは菱餅のようなお菓子の材料として使われていた。トレンガヌ州にはサゴヤシはそれほど多くなく、デンプン作りも行われていなかった。サゴデンプンはジョホール州の工場で作られているそうで、袋詰めで販売されていたものを使っていた。さらに、魚を主材料とした特産品の棒状のかまぼこ（クロポッ・レコー）の副材料にも利用されていた。クロポッ・レコーは茹でたものを油で揚げなおして食べたり、薄く切って乾燥させたものを油で揚げてせんべいのようにしたりして食べる。揚げせんべいはマレー料理の焼飯（ナシ・ゴレン）に添えられることもあった。

3 移動式農耕における資源利用の柔軟性

1……二種類の畑と土地の所有権

前章で述べたように、シウハマソンにはおもに斜面に作るバナナ畑と、平らな場所に作る根茎畑がある。ギウォビで調査を行った口蔵さんによると (Kuchikura 1995)、一ヘクタールのバナナ畑の耕作、すなわち、下生えの除去、吸芽の植え付け、樹木の伐採、簡単なメンテナンス、収穫などの作業におよそ四五〇〇時間を要するのに対し、根茎畑の耕作、すなわち、下生えと樹木の伐採、火入れと整地、植え付け、野ブタ除けフェンスの作成、メンテナンス、収穫などの作業には一万二〇〇〇時間が必要になる。一方、食物カロリー値に換算した全作物の推定収穫量は、前者が約六〇〇〇万キロカロリーなのに対し、後者は約一五〇〇〇万キロカロリーになる。つまり、単位面積あたりの生産性は、根茎畑がバナナ畑の約二・五倍になる。これを耕作に要する時間で除した時間あたりの生産性は、前者が約一三三五キロカロリー／時間、後者が約一四六一キロカロリー／時間であり、根茎畑がバナナ畑を若干上回るものの、両者にそれほど大きな違いはない。すなわち、二つのタイプの畑は、時間あたりの生産性にはそれほど差異はみられないものの、根茎畑の方がより土地集約的な耕作方法であることがわかる。根茎畑の耕作時間が多くなる大きな要因は、野ブタの侵入を防ぐために、周囲を柵で囲う作業である。この時間を節約するため、複数の世帯が同じ場所を区切って耕作することが多かった。一九八八年の根茎畑の中には、六〇〇〇平方メートル弱の土地を一三人が耕作していた例もあり、各人の畑は切り倒した樹木で区切られていた。

どこに畑を作るかは、原則的にはその世帯が所属するオビの土地所有に関わっている。前述のように、クボでは父系親族集団であるオビが土地所有の単位であり、自分が所属するオビが所有する土地を畑として利用することになる。また、婚姻後もオビの所属は変わらないので、女性は婚姻後も自分が所属するオビの土地を利用することができる。また、夫は妻のオビが所有する土地を利用することができるし、その逆も可能である。したがって、夫婦どちらかが土地を所有するオビに属していれば、畑を作ることができるということになる。

シウハマソンでは周辺に土地を持っていないオビが複数存在しているため、二九世帯中一六世帯は土地を借用しなければ畑を作ることはできないことになる。しかし、土地の貸し借りはきわめて柔軟に行われており、借り方からの要求を貸し方が拒否することはないし、収穫物の贈与のような、借用に伴う義務もない。中には、土地を所有するオビに属しながら、手近な場所に利用可能な土地がないという理由で土地を借りている例もあった。一九九四年の調査では婚姻により独立したり、ノマッドのクボコーナーから戻ってきたりして世帯数が三五に増えていた。そのうち一三世帯が土地を所有しておらず、六世帯は集落の近くに土地を所有していなかった。

周囲に所有する土地がないという状況は、定住集落の形成後に起こったことである。ロングハウスで半遊動的な生活をしていた際には、夫婦のうちどちらかのオビが所有する土地の範囲内を数年ごとに移動していた。そのため、土地を持たないオビのメンバーはほとんど存在しなかった。後述するように、他のロングハウスに身を寄せることはあったが、その場合にはゲストの食料はホストが提供していた。そして、ホストとゲストが入

表3-5　1988年と1994年の畑の数と面積

調査年	バナナ畑の数	バナナ畑の総面積（m^2）	バナナ畑の平均面積（m^2）	根茎畑の数	根茎畑の総面積（m^2）	根茎畑の平均面積（m^2）
1988	40	123,103.55	3,077.59	14	5,184.61	370.33
1994	35	66,395.64	1,897.02	26	14,556.35	559.86

れ替わることもしばしば起こっていた。

2……分析方法

土地利用の柔軟性を明らかにするため、土地所有と畑の面積、収穫量との関係について分析した。まず、方位磁石と巻き尺を使い、シウハマソンのすべての畑を測量した。クボの畑はまず下生えを切り払い、その後にバナナの吸芽を植え付け、吸芽がしっかりと根付いた後で耕地中の大木を切り払っていた。大木はそのまま放置され、また除草もあまり行われないので、畑の中を歩くのは森の中を歩くよりも大変だった。なお、測量結果に基づく面積の推計に関しては、北海道大学大学院生の大西秀之さんのご助力をいただいた。また、一九八八年七月二四日から八月一九日までの四週間について、個体追跡法と定点観察法で集落の労働可能な男女すべての食物獲得活動を調査し、その生産量を計測した。こうして得られた畑の面積と収穫量のデータを、土地所有世帯と非所有世帯との間で比較した。

一九八八年の調査時には四〇ヶ所のバナナ畑と一四ヶ所の根茎畑があり、平均面積はそれぞれ約三〇七八平方メートルと約三七〇平方メートルであり、一ヶ所あたりのバナナ畑の面積は根茎畑の八倍以上であった。一九九四年の調査時には三五ヶ所のバナナ畑と二六ヶ所の根茎畑があり、平均面積は約一八九七平方メートルと約五六〇平方メートルであった（表3―5）。バナナ畑は、六年間で畑の数が減り、一カ所あたりの面積も減少している

表3-6　1988年の世帯ごとの畑の種類と面積

世帯番号	バナナ畑の数	バナナ畑の面積	根茎畑の数	根茎畑の面積	土地所有[1)]
01	2	2,171.10	0	0.00	W
02	2	4,969.98	0	0.00	H, W
03	2	11,823.79	1	330.10	
04	2	4,454.02	0	0.00	
05	4	4,759.13	0	0.00	H
06	2	4,464.77	1	494.99	W
07	2	11,155.00	2	829.49	H
08	1	5,676.35	1	277.69	
09	1	4,720.64	1	337.33	
10	1	1,920.88	2	582.39	H
11	1	3,599.12	1	250.68	H
12	2	4,893.05	2	414.87	
13	1	1,994.80	1	185.00	
14	2	5,154.79	1	567.07	H
15	0	0.00	0	0.00	H
16	2	5,593.76	0	0.00	H
17	1	4,903.19	0	0.00	H
18	1	3,606.72	0	0.00	
19	1	3,501.13	0	0.00	W
20	2	5,447.39	1	915.00	
21	1	2,833.77	0	0.00	
22	0	0.00	0	0.00	W
23	1	4,405.41	0	0.00	
24	1	5,057.98	0	0.00	
25	1	415.50	0	0.00	W
26	2	5,979.44	0	0.00	H
27	1	3,503.83	0	0.00	H
28	0	0.00	0	0.00	
29	1	6,098.01	0	0.00	W
合計	40	123,103.55	14	5,184.61	
世帯平均	1.38	4,244.95	0.48	178.78	

1）Hは夫、Wは妻が土地所有のオビに属していることを意味している（表3-7、表3-8も同様）

表3-7　1994年の世帯ごとの畑の種類と面積

世帯番号	バナナ畑の数	バナナ畑の面積	根茎畑の数	根茎畑の面積	土地所有
01	1	1,198.98	0	0.00	W
04	1	789.66	1	220.45	
05	1	2,102.50	1	4,879.28	H
05-2	1	216.53	0	0.00	W
06	1	694.03	2	560.14	W
07	1	1,174.98	0	0.00	H
08	1	1,475.47	0	0.00	
09	1	1,180.21	0	0.00	
11	2	10,315.71	1	80.00	H
12	4	8,915.91	0	0.00	
13	1	810.65	0	0.00	
14	2	2,186.55	0	0.00	H
14-2	0	0.00	0	0.00	H, W
14-3	0	0.00	0	0.00	H, W
15	1	2,154.79	1	292.65	H
16	2	4,097.04	0	0.00	H
17	1	1,194.10	1	90.48	H
18	1	1,016.81	0	0.00	W
20	1	1,607.84	0	0.00	
20-2	0	0.00	0	0.00	
21	1	2,998.17	0	0.00	
21-2	1	1,663.35	0	0.00	W
25	0	0.00	1	345.81	W
26	0	0.00	1	430.09	H
26-2	1	795.68	2	617.62	
27	1	4,942.13	3	888.20	H
28	3	4,429.15	5	2,292.93	
29	1	4,794.83	1	449.56	W
30	1	3,420.99	0	0.00	H, W
31	0	0.00	1	389.61	H, W
32	0	0.00	0	0.00	H
33	1	713.27	0	0.00	
34	1	612.78	0	0.00	
35	1	893.53	2	1,007.42	H, W
36	0	0.00	3	2,012.11	H
合計	35	66,395.64	26	14,556.35	
世帯平均	1.00	1,897.02	0.74	415.90	

一方で、根茎畑は数、面積ともに増加していることがわかる。総面積でみるとバナナ畑はおよそ六割に減少し、根茎畑はおよそ三倍に増加している。これに口蔵さん（Kuchikura 1995）がギウォビで算出した、面積あたりの生産量の推定値をあてはめて、カロリーに換算した年間生産エネルギー量を算出すると、一九八八年ではバナナ畑が七三九六万一〇〇〇キロカロリー、根茎畑が七七三万七〇〇〇キロカロリーの合計八一六九万八〇〇〇キロカロリーになった。一九九四年にはバナナ畑が三九八九万一〇〇〇キロカロリー、根茎畑が二一七二万二〇〇〇キロカロリーの合計六一六一万三〇〇〇キロカロリーとなり、六年間で一五％ほど生産量が減少していることになる。バナナ畑が減少し根茎畑が増加したことは、バナナ畑では根茎畑の倍以上の二〇年以上の休耕が必要なことを考えると、定住集落であるシウハマソンにおいて集落の近くの利用可能な土地が減少してきており、人びとが土地集約的な根茎畑の耕作を選択しつつあることを示唆している。バナナ畑から根茎畑への転換と総生産量の減少という結果は、前章で詳述した食物摂取のデータとも符合している。

表3―6と3―7は、一九八八年と一九九四年のバナナ畑と根茎畑の面積を世帯ごとにまとめたものである。一九八八年の一世帯あたりのバナナ畑の平均面積は約四二四五平方メートル、根茎畑は約一七九平方メートルであり、一九九四年のバナナ畑は約一八九七平方メートル、根茎畑は約四一六平方メートルであった。六年間でバナナ畑が半分以下に減少したのに対し、根茎畑は二倍以上に増加している。また、一九八八年では三世帯、一九九四年では四世帯がどちらの畑も所有していない。これは、世帯がシウハマソンに移住してきた直後のケース（一九八八年の世帯番号二八）や、世帯が新たに独立した直後のケース（一九八八年の世帯番号一五、一九九四年の世帯番号一四―二、一四―三、二〇―二、三二）である。また、一九八八年の世帯番号二二は妻を亡くしてから、しばらく畑を作っていなかった。なお、両調査時における同じ世帯番号は同一世帯をあらわし、一九九四年の

枝番号がついた世帯は、婚姻により元の世帯から独立した世帯であることを意味している。たとえば、一九八八年にあった世帯番号二は夫が死亡し妻が他の男性と再婚したため、表3—7には記載していない。世帯番号三（グバの世帯）はサモの集落ウォナビに戻ったため、同様に表3—7に記載していない。

3……分析結果と考察

土地を主有する世帯と所有していない世帯を比較すると、一九八八年のバナナ畑では、非所有世帯の平均面積（約四五七六平方メートル）の方が所有世帯の面積（約四〇一一平方メートル）より若干広くなっていた。畑を作っているのが一一世帯で、全体の三分の一しかなかった根茎畑では、所有世帯（約二一四平方メートル）の方が非所有世帯（約一二九平方メートル）よりも平均面積は広かった。また、一九九四年のバナナ畑の面積では、土地非所有世帯（約二〇二七平方メートル）が所有世帯（約一八二九平方メートル）をわずかに上回っていた。いっぽう、根茎畑では、土地所有世帯の平均面積（約四九七平方メートル）が非所有世帯（約二六一平方メートル）の二倍近くになっていた。この結果は、いずれの場合にも土地所有が畑の面積を決定する要因にはなってはいなかったことを示唆している。シウハマソンの人びとが言うように、畑を作る際に土地所有者から了承を得ることがきわめて容易に行われていたことが推察される。

さらに、シウハマソンでは畑からのバナナや根茎類の収穫は、自分の畑に限定されるものではなかった。シウハマソンへの移入直後や、端境期のため自分の畑に収穫可能な作物がない場合には、他者の畑から必要な量を持ち帰ることもできた。その場合には、事前、または事後に畑の所有者に了解を得る必要があるが、この申

表3-8　1988年の世帯ごとの収穫量（7/24～8/20）

世帯番号	土地所有	バナナ（kg）	ヤム（kg）	タロ（kg）	サツマイモ（kg）	エレファントフットヤム（kg）	根茎合計（kg）
01	W	59.4	0.0	10.0	10.0	0.0	20.0
02	H, W	187.5	0.0	0.0	0.0	0.0	0.0
03		236.4	0.0	0.0	34.6	0.0	34.6
04		66.4	0.0	0.0	0.0	0.0	0.0
05	H	83.4	10.0	8.0	0.0	19.0	37.0
06	W	66.7	0.0	0.0	0.0	0.0	0.0
07	H	141.0	0.0	0.0	15.0	0.0	15.0
08		206.5	0.0	0.0	0.0	0.0	0.0
09		157.3	0.0	0.0	0.0	0.0	0.0
10	H	350.6	11.5	3.0	12.0	24.0	50.5
11	H	39.4	0.0	0.0	0.0	0.0	0.0
12		100.5	0.0	0.0	0.0	0.0	0.0
13		27.1	0.0	0.0	0.0	0.0	0.0
14	H	66.5	13.0	0.0	0.0	0.0	13.0
15	H	105.0	2.0	0.0	0.0	3.0	5.0
16	H	78.0	0.0	3.0	2.0	0.0	5.0
17	H	47.8	5.3	0.7	0.0	0.0	6.0
18		53.5	4.0	2.5	0.0	0.0	6.5
19	W	28.5	15.0	0.0	0.0	0.0	15.0
20		207.3	18.5	0.6	0.0	10.5	11.1
21		361.5	2.0	0.0	5.0	0.0	7.0
22	W	15.0	0.0	0.0	0.0	0.0	0.0
23		65.0	12.0	0.0	0.0	24.0	36.0
24		83.7	4.7	0.0	0.0	0.0	4.7
25	W	9.3	0.0	0.0	1.5	0.0	1.5
26	H	114.2	0.0	0.0	5.0	0.0	5.0
27	H	84.9	0.0	0.0	0.0	0.0	0.0
28		8.0	0.0	0.0	0.0	0.0	0.0
29	W	16.0	2.0	0.0	0.0	0.0	0.0
合計		3,066.4	100.0	27.8	85.1	80.5	272.9
平均		105.7	3.4	1.0	2.9	2.8	9.4

し出が拒絶されることはめったになかった。そのため、畑を所有していない世帯もある程度の収穫を得ることが可能になっていた。これはかなり珍しい慣習であると思われる。表3—8は、一九八八年七月二四日から八月二〇日までの四週間に収穫した作物の量を世帯ごとにまとめたものである。これをみると、畑を所有していない世帯（一五、二三、二八）も作物を収穫していることがわかる。

バナナの収穫量では、非所有世帯の平均収穫量（一三一・一〇キログラム）が土地所有世帯のそれ（八七・八三キログラム）を上回っていた。また、根茎畑では、土地所有世帯（一〇・一八キログラム）が非所有世帯の収穫量（八・三三キログラム）をわずかに上回っていた。つまり、畑の面積同様、土地所有と収穫量にはほとんど関連性がなかったのである。収穫量のデータは四週間の調査に基づいており、長期間のデータを分析すると異なった結果になる可能性もある。しかしながら、この結果は少なくとも、「土地を所有していなくても畑を作ることはできる」、「必要ならば他人の畑から作物を収穫することも可能である」というシウハマソンの人びとの話を裏付けるものではある。また、一九八八年の五か月間と一九九四年の二か月間の調査の印象からしても、土地所有が耕作に大きな影響を与えているとは考えられない。

世帯の収穫物はその世帯内だけで消費することはめったにない。収穫を終え畑から集落へ戻ると、人びとは気前よく作物を他者に与え、食事時に居合わせた相手には必ず食物が振る舞われる。そのおかげで、私も主食のバナナとサゴデンプンに関しては、無料で食料を手に入れることができた。シウハマソンの隣村ギウォビで調査を行った口蔵さん（Kuchikura 1997）によると、サモとクボの混住集落であるギウォビでも、許可を得た上で他者の畑から作物を収穫することや、収穫後の食物の分配が頻繁に見られたという。

以上のことを考えると、シウハマソンでは父系親族集団（オビ）により土地が所有されてはいるものの、それが畑を作る際の制限要因にはなっていなかったことがわかる。さらに、頻繁な分配や畑の所有者の了解を得た上で他者が作物を収穫することで、生産物は集落内を循環し、土地を所有していない世帯のみならず、畑を持たない、または所有の少ない世帯の生存にも有効に機能していたとみなすことができる。この特徴は、サゴデンプン作りでみられた柔軟な資源利用と同様の機能を有していると考えられる。つまり、政府による定住化政策の影響下、生地を離れ遠隔地からシウハマソンに合流してきた人びとに対し、畑を作るための土地の利用を認めることで、その生存を保障しているのである。こうした特徴がロングハウスでの生活当時からみられたものなのか、それとも定住化に伴う社会変化の過程で形成されたものなのか、また、こうした特徴の基盤にあるクボの行動原理とはどのようなものなのかについて、この特徴と関連があると思われるクボ社会のいくつかの要因と関連させながら、次章で検討する。

第4章

交換と邪術と妬みの関係

1 儀礼時の食物の交換と平準化

シウハマソンで暮らす中で感じたことは、交換の重要性とそのバランスに気を配る人びとの平準化への指向性である。シウハマソンでは、食物の交換や分配が日常的に行われていた。また、許可を得た上での他者の畑からの作物の収穫もよくみられた。畑やサゴデンプン作りからの帰り道に収穫物を分け与えたり、食事どきに調理したバナナやサゴデンプンをその場に居合わせた人に分配したりすることは、誰にとっても当たり前の行為と考えられていた。さらに、狩猟によって野ブタなどの大型の獲物がとれたときには、その獲物を食べることができる集落のすべてのメンバーに肉がゆきわたるように、細心の注意を払って解体と分配が行われた。

クボの社会的交渉の中心を占めるといってもよい交換と分配が人びとに強く意識され確認される場の一つは、儀礼時における食物の交換である。儀礼についていえば、現在では大がかりな成年式を行わなくなったので、クリスマスや村を離れて就学する小学生のための学期始めの宴などがそれにあたる。私がシウハマソンを去る日が近づいた時にも、私の送別会を村をあげてやろうということになった。人びとは送別会の一週間ほど前から、食料調達のためにいくつかのグループに分かれて森の中に入っていった。グループは、かつてのロングハウスで共住していた世帯や、現在近くに住んでいる世帯をもとに構成されていた。

送別会の二〜三日前に帰って来た彼らは、森や小川で獲った野ブタやクスクス、ヒクイドリの幼鳥、魚など

写真4-1　儀礼時の食物の交換。手前の、食物を持っているのがオロボ

の燻製と、サゴデンプンを持ってきた。また、近くの集落から大勢の人びともやってきた。当日は、五つのグループに分かれ、朝からそれぞれ食料を調理しはじめた。私は、送別会がどのように行われるのかまったく見当もつかなかったので、会場とされる小区画のテスタビと住んでいる小屋を何度も往復したり、それぞれのグループの調理をながめたりしていた。ようやく夕方近くになって、それぞれのグループが調理した食物がテスタビの小さな広場に並べられた。挨拶をうながされ、これまでの私の行動が人びとをわずらわせてしまったことを詫び、お世話になったことに感謝をした。その後、それぞれのグループから食物が私のところに運ばれてきた。その次に、近隣集落からの訪問者に食物が運ばれた。さらに、それぞれのグループ間で食物の交換が行われた。ようやく一同がそろって食事をはじめるのかと思ったら、そうではなかった。グループごとに分配された食物は、さ

らに家族ごとに均等に分けられ、それぞれの世帯が自分の家に持ち帰っていった。クボの儀礼時の宴（もちろん酒はない）においては、食物は交換と分配のために用意されるのであって、参加者がそろって食物をともに食べる、いわゆる共食が目的なのではなかった。グループごとに準備され持ち寄られた食物は、ほとんどが同じ食材を使っており、また、塩等による調味の習慣もないためグループによる味の違いもない。結局、交換の前と後で各グループの目の前にある食物に目立った違いはないが、たとえ同じ食物でも交換することに意味があるのだ。叫び声をあげながらの興奮を伴った交換が終わると、各家族はグループから分配された食物をそれぞれの家に持ち帰り、家族ごとに食べることになる。

2 姉妹同時交換婚と平準化

交換とそのバランス、すなわち平準化が重要な意味を持つもう一つの機会は婚姻である。私がクボの姉妹同時交換婚に気づいたのは、畑の測量の途中だった。アシスタントのナディと、暇そうにしていた未婚の青年オロボと一緒に畑に行く途中で、オロボが「自分には姉妹がいないので、結婚はできないかもしれない」と言いだした。なぜ、姉妹がいないと結婚できないのかを尋ねると、クボでは結婚する時には結婚相手の家族に自分の姉妹、またはオビの中の女性を交換しなければならないということだった。オロボは一人っ子だったし、オビの中には適齢期の女性がいなかった。一般に、クボの男性の婚姻年齢は、正確な年齢はわからないものの、二

○歳代半ば過ぎ、女性は一〇歳代半ばのようだった。

レヴィ＝ストロース（一九七七）のいうように、人類のあらゆる婚姻は集団間の女性の交換に基づいているのは周知のことではあるが、クボにおいては、交換の同時性が重視されており、数日間で完結しなければならないこと、交換の対象集団が固定化しておらず二組の婚姻で女性の交換を完結しなければならないことにその特徴がある。具体的には、婚姻適齢期の男女を有するオビの年長男性により婚姻が取り決められ、その後、ほぼ同時に相手のオビに女性を嫁がせるのである。原則的には、婚姻を希望する男性の姉妹を相手の男性に嫁がせ、相手の男性の姉妹と婚姻することが望ましいとされる。この取り決めは一回ごとに結ばれるため、交換のパートナーとなる親族集団が永続的に固定化されることはない。二組の婚姻において、お互いが女性の「受け手」と「与え手」の両方の役割を果たすことによって、一組の婚姻によって生じる女性の交換の債務を平準化していると考えることができる。しかし、都合よく兄弟姉妹が同数になることはめったにない。その場合は、同じオビの女性を交換することになる。また、かつてロングハウスで共住していたオビは結びつきが強く、場合によっては女性を融通しあうこともある。ロングハウスで生活していた時代は、オビ間というよりはロングハウス間で婚姻が取り決められていたのだろう。現在の定住集落での暮らしでは、集落内の他のオビとの間で婚姻がなされることもあるが、クボの他の定住集落、とくに一二キロメートルほど北にあるクボの定住集落ソアビとの間で婚姻の約束が結ばれることも多い。

クボの婚姻では女性の意思が考慮されることはまったくない。婚姻はあくまでも男性が決定権を持っている。また、婚姻に際して結婚式などの儀礼が行われることもない。九月下旬のある日、ガビのロングハウス型家屋で見慣れぬ若い女性が暮らしはじめた。ソアビから来たモロビという名の女性、というか少女は、その家のいわば世帯主であるボバセの新婦だということだった。ボバセは狩猟が得意で、いつも獲れた野ブタを分けてもらっていたので、結婚式のときに何かプレゼントをあげなければと思っていたのだが、結局式は行われなかった。後で訊いたが、婚姻に伴う儀礼はないということだった。

それから数日たったある日の朝、外が騒がしいので小屋から出てみると、ボバセの姪のカグワイが立ち木にしがみついて泣き叫んでいた。クボの人びとが怒りや悲しみなどの感情をあらわにすることはほとんどなかったので、カグワイの泣き叫ぶ姿を見て驚いた。カグワイの両親のウォイユとケソウ、それに妹のディモビは遠巻きにカグワイを見ていた。カグワイの近くには、ソアビから来た男たちが数名いて、何とかカグワイを木から引き離そうとしていた。何か大変なことが起こっているのではないかと、カグワイと男たちの間に割って入ろうとしたが、人びとに止められた。カグワイはモロビと交換されてソアビに連れていかれるところだった。女性が交換のために他のロングハウス、現在では他の定住集落に嫁ぐ時には、家族と別れるのが嫌で、しばしばこうして抵抗するのだということだった。それから一時間ほど経ってようやくあきらめたのか、カグワイは泣きながらもソアビの男たちに連れられて北に向かっていった。シウハマソンの人びとは、カグワイの家族も含め静かに家に帰って行った。ソアビから数日前にやって来たモロビは、シウハマソンでは泣き叫ぶことはなく、ボバセと仲良くやっていた。カグワイも、ソアビに着いたら新郎と仲良く暮らすだろうかと少し心配になった。その後しばらくして、ノマッドからの帰り道で、ソアビからノマッドに向かうカグワイとその夫にすれ違った。カグワイは夫と仲良く笑いながら私に声をかけてくれた。私の心配はうれしいことに杞憂だった。

このようなことがあってから、シウハマソンの人びととの婚姻についての関心が増した。兄弟姉妹の性別の不均衡や年齢のずれにより、すべての婚姻で都合よく姉妹を同時に交換することが可能となるわけではない。そこで、現在集落にいるすべての人びとの婚姻がどのようにアレンジされたのかを調べてみた。自分や相手に交換可能な姉妹がいない場合、まず考慮される選択肢は、同じオビに属する女性を交換するという方法である。また、他のロングハウスを襲撃した際に女児のみを連れ帰り、養女として育て、後に交換するという手段もある。さらに、近年になってからは、他の地域で賃労働に従事し現金を入手して帰った男性に対して、女性の代わりに現金を要求し婚姻を成立させることも見られるようになった。

表4—1は一九八八年の調査時に、シウハマソンの婚姻歴のある成人男女の、婚姻における交換の事例をまとめたものである。三八例のうち、純然たる姉妹同時交換婚は七例、オビ単位の交換婚が一一例、女性の代わりに婚資のように現金を支払ったのが三例であった。残りの一七例は、交換を留保し、後に女児が生まれた場合にその子を相手のオビの交換要員にするという取り決めや、たんに当事者の男女が駆け落ち同然に結婚したものなどがある。一九八八年までの事例では、理想とされる純姉妹交換婚は二割以下にとどまっている。これは、都合よく姉妹を同時に交換することが難しいことを示している。そして、同じ、または、かつてのロングハウスでの共住で近しくなったオビの女性を交換することで同時交換の義務を何とか果たした一一の事例を含めても、交換が完結したのは半数に過ぎない。これに、婚資の支払いで交換を免じてもらった三例を加えると、ようやく半数を超えることになる。

ブタ、貝、ビーズなどの代わりに、婚資として現金を用いることは最近のパプアニューギニアではしばしばみられる慣習だが、貨幣経済が浸透していないシウ

表4-1　婚姻における交換

婚姻形態	事例数	(%)
姉妹の交換	7	18.4
親族集団の女性の交換	11	29.0
現金の支払い	3	7.9
その他	17	44.7
合計	38	100.0

ハマソンでは異例ともいえる。一九八〇年代に国際資本の石油会社が、ノマッドから当時の南部高地州にかけて原油や天然ガスの試掘調査に入ったことがあった。その時、シウハマソンから荷役夫として三人の男性が雇われた。婚資を支払った三例はいずれも荷役夫として雇われた男性であった。婚資は二例が二〇〇キナ（一九八八年六月のレートで約三万一四〇〇円）、一例が三〇〇キナ（同四万七一〇〇円）だった。ちなみに、南部高地州のクトゥブ湖の近くでは一九九二年から原油の生産がはじまり、また、西部州北部のジュハやヘラ州のハイズなどでは二〇一四年から天然ガスの生産がはじまった。原油や天然ガスは、パイプラインで首都のポートモレスビーに運ばれ、日本にも輸出されている。

さて、残りの一七例は、交換が完結していない、あるいは、姉妹同時交換の原則を破った事例ということになる。このうち、一〇例は原則を無視して駆け落ちのように結婚した事例である。また、そのうちの一例は同じオビ、他の一例は近いオビどうしの男女が結婚したものだった。この二例は少し前なら殺されても仕方がないとされる、クボの規範をおおきく逸脱したものだった。これらの事例は定住集落を形成し、襲撃や殺人が禁止されたことで可能になったのだろう。また、交換が完結していない事例は、娘が産まれて適齢期になったら、妻方の親族集団にその娘を交換要員として差し出すことを約束して婚姻が成立した。

しかし、なかには少々複雑な事例もある。ボラというオビに属しているデュサヨ（シウハマソンのSDAのリーダー）は、同じボラに属する異母兄の娘セネブを、ボボネ集団に属するウガボに嫁がせた。その見返りはボボネから女性をもらうことだが、ボボネには適齢期の女性がいなかったので、近しいオビのアサシからセネブという女性を借りて、デュサヨに嫁がせた。この場合、いずれボボネの娘をアサシの交換要員として他のオビに嫁がせることで交換は完結することになり、ウガボの婚姻はその時に完結する。だが、話はこれだけで終わらなかった。じつは、セネブを育てていたのは、ナディアソ集団に属するハフェという男性だった。ハフェ自身はソアビの女性であるワアイヨと純姉妹同時交換で結婚していたが、弟の婚姻の際の交換要員としてセネブを育てていた。しかし、弟は婚資を支払って結婚したため、交換の必要がなくなりセネブへの権利を放棄していた。ところが、セネブが妊娠したことでハフェの心理に変化がおこったようだ。結婚して数年たっても自分とワアイヨには子供ができない、それなのに結婚後すぐにセネブが妊娠したのは不公平だ、と突然言い出したのだ。クボでは不妊はすべて女性に問題があるという考えがあるため、子供を産める女性をあらたに自分に与えるか、婚資を支払うかという要求をボボネのウガボに突きつけた。クボでは一夫一妻が多いが、きわめてまれではあるか一夫多妻も行われていた。ボボネには女性がいなかったので、ウガボは私の送別会の後、金策のために別の集落に出向いて行った。

一九九四年の調査時に、その後日談を聞いた。結局、ハフェは弟の死後その妻だったボウワと結婚し、ワアイヨと離婚した。すでに子供のいたボウワは、ハフェと再婚してしばらくしてから子供を産んだ。そのことでハフェも満足し、ウガボからの賠償金はうやむやになったらしい。

一九八八年に私が帰ってから、一九九四年の再調査までに一〇例の婚姻があった。その内訳は、純姉妹同時交換はなく、同じオビや近い関係のオビの女性を介した婚姻が三例、将来同じオビの娘を結婚相手の女性の弟に嫁がせることを前提としたものが一例、夫の死後夫と同じオビに属する男性と結婚するというレビレート婚に近いものが二例、婚資を支払ったものが二例、交換も婚資も請求されずに済んだものが一例、駆け落ちのようなものが一例だった。本節の冒頭に紹介したオロボは、婚資を支払うことで無事結婚することができた。しかし、四〇〇キナの約束のうち一五〇キナしか払っておらず、残りの婚資を稼ぐため、シウハマソンに小さなよろず屋（パプアニューギニアではカンティーンという）を開いたが、資金不足で閉店状態だった。なお、もう一例の婚資は二五〇キナで支払いを終えていた。

一九九四年から二〇〇三年の短期調査までには、一八例の婚姻があった。このうち、一〇例はオビを単位とした交換婚だった。また、交換が未完なものは五例あり、まだ幼い娘や姪をいずれ相手のオビに嫁がせることが期待されていた。残りの三例は交換なしで行われた。その理由は、夫の死後に妻が前夫と同じオビに属する男性に嫁いだもの、寡夫と寡婦の婚姻、妻方の両親や親戚の多くが既に死亡していて交換の要求がなかったものだった。

交換が完結していない婚姻は、双方のオビに強い緊張関係をもたらす。かつては、そのことが原因で襲撃が行われることもあった。近年になり、政府によって襲撃は禁じられたが、婚姻における女性の交換の不均衡が緊張関係をもたらすことに変わりはなく、邪術の原因とされることもある。たとえば、一九九四年の調査で駆け落ちのようにして結婚したと記録した一例では、他の集落に住んでいる妻方の父親は婚姻に納得しておらず、周囲に不満を述べていた。その後、一、二年で妻が亡くなると、妻の父親が邪術をかけたとされた。

3　邪術をめぐるクボの超自然観と平準化

食べ物や女性の交換における不均衡や遅滞は、「妬み」として蓄積していく。そして、その妬みは当事者またはその近親者の死により顕在化する。クボにおける死は、邪術の犠牲者と、その死をもたらしたとされる邪術師を殺害するという処罰によるものしかなく、邪術の原因のすべてが交換における不均衡や遅滞とされているからである。ここで、クボの邪術に関する観念と、そのもとになっている超自然観について紹介する。

1……クボの世界観と二つの邪術

クボによると、現世は可視の世界と不可視の世界の二つからなっている。可視の世界は現世の人びとの住むところであり、不可視の世界は精霊や死者の住むところである。二つの世界は別々に存在するのではなく、我々が生活している世界に重なるように精霊の世界が存在している。我々の目には見えないけれども、我々のすぐ隣に精霊や死者が立っているかもしれないのだ。また、二つの世界は時々交感し、お互いに影響を与え合うことがある。たとえば、人びとが精神に異常をきたした場合、それは精霊により不可視の世界に連れて行かれたためと解釈される。また、意図的に精霊と交感し、精霊の力によって可視の世界の出来事に何らかの操作を加えようとすることもある。かつて行われていた治癒儀礼がそれにあたる（Sørum 1980）。この儀礼では、深夜から明け方までのダンスでトランス状態に入った治癒者が、精霊と交感して依頼者の病気の原因を探り、その対処法を伝えていた。そして、病気の原因はすべてが邪術によるものとされた。

現在では、キリスト教の影響で治癒儀礼はほとんど行われなくなったが、クボの死をめぐる観念には、不可視の世界との関わりがまだ強固に残っている。クボにおいては、人びとの死にはすべて精霊の力が関わっているとされる。人の死は邪術の犠牲になったか、あるいは、邪術をかけたとされる者が犠牲者の親族に殺される

写真4-2　儀礼時のダンス

かの二通りしかないのである。もちろん、彼らも病気や事故によって人に死が訪れることは理解しているが、彼らが問題にしたいのは、何故人が病気になったり事故にあったりするのかという一般論ではない。病原菌やウイルスあるいは毒ヘビのような病気や事故の原因が問題なのではなく、何故特定の人間が特定の場所や時間に、毒ヘビにかまれて死んでいくのかが重要な問題なのである。家族に病人が出たとする。その病気になる可能性は他の人もほぼ同程度のはずである。それなのに何故自分の家族だけが病気になったのかを問題とし、そこに他者からの悪意と精霊の力を読みとるのである。

人に死をもたらす邪術には二通りのものがある。ひとつはホガイと呼ばれるもので、もうひとつはボガイと呼ばれる。ホガイは普段は目に見えぬトウフィという精霊にとりつかれた者が邪術師になる。ホガイの邪術師は男性に限られており、トウフィにとりつかれた時点で意識がなくなり、トウフィの思うままに操られる。また、身体にも変化が生じ、身長が二倍になり、体毛が伸びて目が真っ赤になるという。トウフィにとりつかれた邪術師は人の肉や肝臓と心臓が食べたくなり、森の中や水飲み場で機会をうかがい犠牲者に襲いかかる。犠牲者はその時点で意識を失い、呪的な力で肉体と肝臓、心臓の半分を食べられてしまう。その後、邪術師が犠牲者の傷に軽く手のひらをあてると、傷はふさがっていく。邪術師は近くにある小石を空高く投げ上げる。はるか上空まで飛んで行った小石が地面に落ちてくる時には、邪術師はその場から立ち去っている。犠牲者はそこでようやく意識を取りもどすが、傷口はふさがっており、何が起きたのかはまったく気づかない。そして、家に帰ってから突然調子が悪くなり、長くても二、三日で死んでしまう。

もう一つのボガイは、犠牲者に悪意を抱いている者が邪術師となり、犠牲者の衣服の切れ端など身近なものと土や葉をまぜ、地面の下やトイレに隠すことで、病気を引き起こすものである。この場合、変調は長期にわたり、数か月から数年間寝込んだ後で死に至ることになる。ボガイの邪術師には女性もなりうる。ホガイが邪術師自身も無意識のうちに犠牲者を殺してしまうのに対し、ボガイは意図的に邪術をかけるという違いがある。また、ボガイでは、妬みの当事者に対してよりも、その子供を標的にしがちである。

集落に死者がでた場合、誰が邪術をかけたのかが重大な問題となる。かつて死者は数日間ロングハウスに安置された。そして、同じロングハウスや近隣のロングハウスのメンバーが訪れてかわるがわる遺体に触れた。誰かが遺体に触れた時、遺体が動いたり体液が流れ出たりなどの異変が生じた場合、その者が邪術師と断定された。また、遺体の異変がかすかなものであり、邪術師を断定するに至らなかった場合には、容疑をかけられた者は自分の飼っているブタを石蒸しにして集落のメンバーに供した。この時、ブタの肝臓の調理が不完全であったならば容疑者は邪術師と断定され、完全に調理されていた場合には疑いは晴れた。

邪術の犠牲となった死者あるいはその家族との間に、食物や女性などをめぐり「妬み」の感情を持っていた、または持たれていた者が邪術師であるとされることが多い。たとえば、隣家を訪れた際に、隣家の住人が小型の鳥類を家族だけで食べている現場をたまたま見てしまった女性がいた。分配をせずに自分たちだけで鳥肉を食べてしまった後ろめたさと、分配されなかったことへの「妬み」は、両者の心の中に澱となって沈んでいった。そして、隣家の子供が病気になった時に、その女性はボガイをかけたと名指しされたのである。また、たびたび無許可で他者の土地にあるツカツクリの巣から卵を採集していた男性が森の中で毒ヘビにかまれて死んだ時には、その土地の所有者で、死んだ男に何度も苦情を言っていた男が邪術師とされた。さらに、前節で触れたように、ほぼ駆け落ち同然で結婚した夫婦の妻が、婚姻から一、二年後に死んだ際には、妻の両親が交換の不均衡に腹を立ててみずからの娘を呪い殺したと考えられた。

2……邪術師と断定された者への対応とその変化

かつては、邪術師であるとされた者は、犠牲者の親族によって殺されてもしかたがないとされていた。容疑者と断定された人間は、犠牲者の親族から死によってそれを贖うように宣告された。そして、森の中などで一人になったときに、犠牲者の親族の手に掛かって殺されたのである。その時、犠牲者の親族は邪術師の殺害に協力してもらうために、他のオビの男性たちに助力を要請することもよくあった。その場合には、見返りとして、協力者に邪術師の死体を与えることを約束した。協力者は邪術師の死体を持ち帰り、食べていたという。ストリックランド・ボサビグループの西側の集団では、こうした食人の慣行が一九八〇年頃まで行われていた(Knouft 2005)。また、邪術師と名指しされた者は単独行動を避け、森に入る時などには同じオビの男性や友人を伴うようにした。しかし、待ち伏せにあった場合には、巻き添えになるのを恐れた親族や友人からの助けはほとんど得られなかった。ホガイにせよボガイにせよ、邪術師とされるのは、交換の不均衡や遅延をもたらされて相手を妬んだ者とは限らない。不均衡や遅滞をもたらした者も、相手に対するうしろめたさから邪術師になることがある。邪術をかけられること、また、邪術師と断定されることを防ぐためには、交換における不均衡や遅滞を生じさせないように常に気をつける必要がある。

しかし、一九八〇年以降は、邪術師を処刑することは政府によって禁じられた。そこで、犠牲者の近親者が精霊の力を借りて、邪術師にカウンターマジックをかけて殺すという方法がとられている。犠牲者の親族の男性は、犠牲者の死体から爪をはがし、それを精霊の住むといわれる聖地(クボの居住域を越えたシサ山の麓にある)に埋めて、邪術師に死をもたらすよう祈る。聖地から戻った男は、一か月ほど家にこもり、いっさいの食物獲得活動から身を引く。また、その間の食事は、未婚の男性によって調理されたものでなければならない。カウンターマジックは、数か月あるいは二〜三年で効果をもたらし、邪術師を殺すと考えられている。前述の、隣家の住人から邪術をかけたと名指しされた女性や、ツカツクリの卵の盗掘に立腹して邪術をかけたとされた男性は、このようにして死をむかえたとされている。

邪術師と断定された者を直接殺害することが禁じられてからは、人が死んだ場合、邪術の犠牲者なのか、それともカウンターマジックによって死がもたらされたのかを同定する必要が生じた。カウンターマジックに即効性がないため、犠牲者の死の後に続けて邪術師が死ぬとは限らないからである。クボによると、カウンターマジックによって死んだ邪術師は口と肛門から血を流すので、ホガイやボガイの犠牲者と見分けがつくという。誰かが死んで、それがカウンターマジックによるものであり邪術師であったことが確認されると、その者をめぐる食物や女性についての「妬み」と葛藤が人びとによって言及され、すでに死んだ者の中からその犠牲者と動機が確定される。定住化により集落の人口が増え、社会的交渉の場も飛躍的に増大したシウハマソンでは、妬みを生じさせる葛藤を互いに持たずに日常生活をおくることは不可能に近い。邪術師になる動機は誰もが持っているといってもよいだろう。

邪術師であったために死んだとされた者の親族が、そのことに納得せずに異を唱えることはない。ニューギニア高地で見られるような復讐の連鎖はけっしておこらず、双方は今まで通りのつきあいを続けることになる。これは、かつて邪術師を犠牲者の親族が実際に殺していた時にも同様であり、二つのグループはまるで何事もなかったかのようにつきあいを続けたという。クボでは、二つの死を一組とし、一つの死をもう一つの死で埋め合わせることで、死によって生じた不均衡を平準化しているとみなすことができる。

3……カウンターマジックの事例

一九九四年にシウハマソンを再訪した時には、ユマビにあるノマッドの行政官のためのレストハウスで暮らすことにした。小屋について荷物を片付けていると、次からつぎへと人びとが挨拶にやって来た。しかし、私と同年代で前回仲良くしていたピーターだけは来なかった。今回のアシスタントであるキマダにピーターの様子を尋ねると、私の再訪の三週間ほど前に、当時七、八歳だった長男のタドゥを亡くしたばかりで家にこもっているということだった。その間の食事は、キマダが面倒を見ていた。一週間ほどたって、いわゆる喪が明けてから話を聞きに行ったが、ピーターはげっそりとやつれていた。じつは、四、五年前に妻のゴビを亡くしており、私が帰ってから生まれた長女と二人暮らしだった。前述の隣家の住人からボガイの邪術師と名指しされたのは彼女だった。ゴビは隣家のフィアグボの娘をボガイにかけて殺したとされていた。フィアグボとピーターは仲が良く、妻どうしも一緒にサゴデンプン作りに出かけたことも何度かあった。フィアグボの娘で小学生のタヤが病気になった時、彼はゴビがボガイをかけたのではないかと疑った。しかしゴビは自分がボガイをかけたことを認めなかったので、他集落の呪術師に伺いを立てた。クボには、呪的な力を持ちながらそれをホガイやボガイには使わず、病気の治癒や邪術師の断定に使う者が少数ながらいるということだった。シウハマソンにはそのような呪術師はいなかったので、フィアグボは他の集落から呼んできたという。呪術師はゴビがボガイをかけたと断定し、すぐにボガイをやめるように言ったが、ゴビにはその心当たりがなくボガイを否定し続けた。ボガイをかけた理由としてあげられたのが、前述の小鳥の肉を分けなかったことである。その後、タヤが亡くなると、ボガイの疑いを気に病んでいたことも影響したのか、ゴビも亡くなってしまった。だが、ピ

写真4-3　喪が明けてから筆者のトイレの屋根ふきを手伝ってくれたピーター（右）とベドグニ（左）

ーターも妻がボガイをかけたということは承知しており、亡くなったのも仕方がないことだと考えていた。そして、その後も変わらずにフィアグボと仲良く付き合っていた。

問題は息子のタドゥの場合である。ピーターは子供が標的にされたことから、ボガイをかけられたのではないかと疑った。なきがらを家の中に安置し、人びとが次々にそれに触れていくと、ある年長男性の時に口と目からわずかだが液体が流れ出た。しかし、家の中にはおおぜいの人がいたので、邪術師の特定はできなかった。おそらく、その年長男性の息子がボガイをかけたのだろうと考えたピーターは、カウンターマジックをかけるため、タドゥのなきがらから爪をはがし聖地に埋めて、邪術師の死を願った。その後は家に閉じこもり、キマダの世話を受けながら暮らしていたという。それが、私が再訪する三週間前のことだった。ピーターは少しずつ日常生活に戻っていったが、以前のような明るさを取り戻すにはもう少し時間がかかりそうだった。カウンターマジックの効果はすぐには出ないので、まだ邪術師はわかっていなかった。精霊の住む聖地がクボの居住域を越えたシサ山の麓にあることを考えると、カウンターマジックに関する観念は、政府によって邪術師への報復のための殺人が禁止されてから作り上げられた可能性が高い。

ホガイに関しては、このようなことがあった。シウハマソンには、コロバと呼ばれていた北部のクボの男が、ガビにあるボバセのロングハウスに居候していた。コロバというのは南部高地州（現ヘラ州）の町の名前である。人びとによるとコロバは人を食べてコロバの留置所に入れられた。留置所を出たが、故郷に帰ることができなかったので、ノマッドに流れ着きシウハマソンに居ついたということだった。畑まわりの時などに、斧を持ったコロバに後ろからついてこられると緊張したものだった。ところが、二度目の調査の時によくよく訊いてみると、コロバの食人はホガイによってトウフィに身体と心を乗っ取られて行ったものだという。邪術師の嫌疑をかけられ殺されそうになったところを、警察に保護され留置所でかくまわれていたのだという。可視の世界と不可視の世界が重なり合っているというクボの観念の中では、実際に人を食べたのか、精霊に取りつかれて食人を行ったのかの違いはあまり重要ではないようだ。

食人に関しては、ピーターから以下のような話を聞いた。まだ子供の時の話なので、おそらく一九七〇年前後だろうか。クボ語では男性はオーといい、雄ブタもオーという。言語学や音韻論に疎い私には区別がつかないのだが、片方は発音記号のo、もう片方はcになるようだ。夜中、出かけていた男たちがロングハウスに戻って騒がしくなり、肉を焼いて食べている匂いもしてきた。目を覚ましたピーターは父親に何を食べているのかを訊いたところ、「オー（雄ブタ）」だといわれ、食べるように言われた。肉を口に入れたところ、父親から「本当はオー（男性）の肉だ」と言われ驚いたという。食人は、襲撃や殺人が政府によって禁止されてから、一九八〇年頃には行われなくなった。一九八八年当時でも、すでに若者たちは食人を恐ろしいものと考えていた。オビについて詳しく話を聞かせてもらったベドグニ老（オソサヤの父親）から「今は平和な時代になってよかった。一〇年前ならお前はもう俺たちの腹の中だ」と言われたことを覚えている。

4……邪術師にかけられた嫌疑

ホガイにせよボガイにせよ、邪術師の嫌疑をかけられることは自身の死を意味することになる。それでは、邪術師と断定された側はどのように考えるのだろうか。ホガイの場合は、精霊に身体と心を乗っ取られて不可視の世界で犠牲者の身体の一部を食べてしまう。そのため、自分自身では犯行に関する記憶がない。しかし、この観念が強く共有され、周囲の人びとから断罪されると、無意識のうちに犯行に及んだのかもしれないと考えてしまうようだ。コロバの例がこれにあたる。コロバは自分が邪術をかけて犠牲者の身体の一部を食べ、死なせてしまったことを疑っていないようだった。ボガイの場合はこれとは異なる。自分の意図で邪術をかけたと非難されるからである。人びとはまるで見たことがあるかのようにボガイの手順を語るが、実際には誰も見たことはない。また、ボガイの犯人とされた人びとも、おそらくは邪術はかけてはいないだろう。ピーターの妻も、強く嫌疑を否定した。しかし、一つの死をもう一つの死で埋め合わせるためには、誰かが邪術師とされることが必要なのだ。日本の裁判にたとえるならば、嫌疑をかけられ起訴された時点で死刑が確定し、一切の弁護ができないようなものである。日常生活における極端なまでの平準化志向は、このような観念と強く結びついている。

二〇〇三年の短期の訪問時にも、その後の人びとの死因について尋ねた。一九九四年からの九年間でシウハマソンでは七人が亡くなった。そのうち、二例は邪術師であったため、カウンターマジックにより死んだとされていた。そのうちの一人は、ピーターの息子タドゥにボガイをかけたとされた男性だったが、一九九四年の調査時にピーターが疑っていた男性とは別人だった。もう一人はSDAの布教に努めたデュサヨだった。彼は、女性にボガイをかけて殺したとされていた。そのためか、SDAの信者は半分に減っていた。また、三例は邪術の犠牲者であった。その中には、オソサヤも含まれていた。オソサヤも含め、二例では親族の男性がカウンターマジックをかけるために聖地におもむいたが、まだ効果は出ていなかった。もう一例の犠牲者の弟は敬虔なSDA信者であり、カウンターマジックなどの呪術にはかかわらないと宣言していた。さらに、オソサヤの父親であるベドグニ老も亡くなっていたが、死の理由は結核にかかったためであるとされていた。これは、邪術によるものではなく病気のために死亡したという、私が知る中でははじめての事例だった。クボの邪術と死をめぐる観念にも変化の兆しがあらわれているのかもしれない。

4 資源利用と平準化

1……資源利用にみられる柔軟性

これまで紹介したクボの平準化志向は、資源利用の特徴とどのような関係を持っているのだろうか。第3章でみたように、シウハマソンにおける食物獲得活動は、資源利用における利用権の柔軟性が特徴となっている。以下に、これまでに分析した資源利用の柔軟性を、食物獲得活動ごとにまとめてみよう。

まず、畑は世帯ごとに耕作されるが、土地所有はオビを単位としている。これまでも繰り返し指摘したように、シウハマソンは八つのロングハウスが集まってできたため、ここに居住する人びとが属する一七のオビのうち、一九八八年の調査時に集落の近くに土地を所有しているのは九つのオビの一七世帯、一九九四年では二三世帯にすぎず、三分の一以上の世帯は土地を借用しなければ畑を作ることができないことになる。しかし、実際の土地の貸し借りはきわめて柔軟に行われており、借り方からの要求を貸し方が拒否することはないし、収穫物の贈与のような借用にともなう義務もない。なかには、土地を所有するオビに属しながら、手近な場所に利用可能な土地がないという理由で土地を借りている例もあった。同様のことは、野生動植物の利用にもみとめられる。狩猟や採集、漁撈に利用する土地も、基本的には自分が所属するオビの所有するものでなければならないが、畑の場合と同様、所有者の許可を得ることで他のオビの土地を容易に利用することができるのである。ただし、前節で紹介した事例のように、許可を得ずに狩猟や採集をすると、邪術に関わってしまう可能性はある。

一方、サゴデンプン作りにも柔軟性がみとめられた。クボは野生のサゴヤシと移植したサゴヤシの両方を利用しているが、両者では所有権のあり方が異なっている。野生のサゴヤシの場合、所有権はそれが生えている土地を所有しているオビに帰属し、移植されたサゴヤシは移植者やその子孫の個人所有になる。サゴヤシは、初日の男性による伐採の後は、複数の世帯から参加した数名の女性グループによって数日間にわたり利用される。一九八八年の五か月の調査期間中二三回のサゴデンプン作りが行われたが、そのうち野生・移植の別と所有者のはっきりした一六本について調べたところ、六本は所有者をまったく含まないグループで利用されていた。さらに、この間にサゴデンプン作りを行った三三人の女性を、本人もしくは夫が土地を所有するオビに属しているかどうかで分類し、土地所有とサゴデンプン作りに出かけた日数の関係を調べると、土地を所有しない一四人の女性の方が、土地を所有する一九人の女性よりもわずかながら多いことがわかった。

また、一三回のサゴデンプン作りグループのうち、親族関係にある女性が少なくとも二人以上が参加して行われたのは半数近くの一一回に過ぎず、その関係も母娘や姉妹といった近しいもののほかに、夫を介してようやくつながるような遠い関係にあるものも多くみられた。さらに、すべてのサゴデンプン作りについて、そのグループ構成を分析したが、同じオビへの所属やその他の親族関係、かつてのロングハウスにおける共住関係などは、グループの構成にはあまり影響を与えていないことがわかった。つまり、土地を所有していない世帯でも、所有者の承諾を得たり、所有者の組織するグループに参加したりすることにより、必要な量のデンプンを作ることが可能になっているのである。

しかし、こうした特徴は、口蔵さんが調査したギウォビやドワイヤーとミネガルが調査したグワイマシではみとめられていないようである。本節では、口蔵さんとドワイヤーとミネガルの報告と比較しながら、シウハマソンの資源利用について考察していく。なお、本節のギウォビに関する記述は口蔵さん（Kuchikura, 1995; 1997）、グワイマシに関する記述はドワイヤーとミネガル（Dwyer and Minnegal, 1992; 1995; 1997）に、それぞれ基づいている。前述のように、ギウォビはシウハマソンの南西約五キロメートルにあり、四つのロングハウスが集まってできたサモとクボが混住する集落である。口蔵さんによると、ギウォビにおけるサゴデンプン作りの中心的作業は、シウハマソンと同様に二人から六人の女性のグループによって行われたが、そのほとんどは親族関係にあるものだった。そして、サゴヤシの所有者と兄弟関係やオジ／オバ・オイ／メイ、イトコ関係にあるものによって全体の約八四%が生産されていた。また、畑については、生産物の交換や、許可を得た上での他者の畑からの収穫が頻繁に観察されてはいたものの、その範囲はかつてのロングハウスコミュニティを核としたサブグループ内に集中する傾向があった。

グワイマシは、ノマッド政府出張所から北北西に約四八キロメートル、シウハマソンから北西に約三五キロメートル、ストリッククランド川西岸にある一九八六年のはじめに作られたクボの集落である。ノマッドから遠いためか、政府の干渉をそれほど受けず、ドワイヤーとミネガルが最初に調査をした一九八六年から一九八七年にかけては、かつてのロングハウスコミュニティの生活様式をかなりの程度残している集落であった。彼らによると、グワイマシのサゴデンプン作りにおいては、そのグループはギウォビと同様に親族関係を中心に構成されており、生産量も、サゴヤシを所有しているクランに属している女性の方が、所有権を持たない女性よりも多かったと報告されている。しかし、ドワイヤーとミネガルは、生産量の差が出来上がったデンプンの直接的な分配によって相殺され、サゴヤシの所有権を持たない世帯にも必要量が保障されたことに注目している。また、このことは彼らがバナナの生産について観察した事例にもあてはまった。すなわち、バナナの生産においても生産量に差が見られるものの、直接的な分配や交換によってその差が相殺されていたのである。

シウハマソンとギウォビ、グワイマシで見られた食物獲得活動の組織化や資源利用の差異は、三集落の社会変化の過程における違い、および、定住化の状況の違いによって解釈することができる。三つの集落の中では、グワイマシがその地理的条件などのため、より伝統的なクボのロングハウスコミュニティの生活の特徴を残していたといえる。ロングハウスコミュニティは、基本的には兄弟関係にある男性とその妻、子供から構成されていた。そこでは、中心的メンバーのほとんどは周囲の土地に対する所有権を持っており、他者の所有する土地を利用する必要はなかったのである。このコミュニティに、他のコミュニティからの移入者または避難者がやってきた場合には、中心的メンバーがホストとなり、ゲストである移入者／避難者に食物を分配することでその生活を保障したのであろう。そして、離合集散が多く、かつ、二～三年に一度集落の位置を変えるロングハウスコミュニティの暮らしによって、ホストとゲストが入れ替わる機会が多く生じたために、一見するとゲストのただ乗りに見えるこの行為は結果的に相殺されることになった。つまり、短期的には一方的な分配は、長期的には双方向の交換としての平準化の機能を持っていたと思われる。

しかし、政府による定住化奨励策によって、多くのロングハウスコミュニティが集合して形成され、しかも長期間（一五年以上）にわたり集落の位置を変えずにきたシウハマソンの場合には、土地所有に関する不均衡が永続化することになった。その結果、ホストのオビに属する世帯では、一方的に食物を与える必要が生じたことになる。これは、「与え手」と「受け手」を固定化することになり、平準化のバランスを著しく崩すことを意味する。この状況を回避するため、所有権のない世帯へも利用権を拡大し、その生産を保障することで、生産の不均衡による交換バランスの不均衡を解消したと考えることができる。

上記のような解釈を側面から支持する状況が、グワイマシとシウハマソンでは生じていた。いわば伝統的なロングハウスコミュニティの特徴を色濃く残していたグワイマシは、その後集落の移動を停止し、メンバー構成も固定化される傾向が見られた。一九九五年に再びグワイマシを調査したドワイヤーとミネガルによると、サゴデンプン作りにおいては、サゴヤシの所有者と非所有者における生産量の差異は少なくなり、サゴデンプン作りのメンバー構成もより柔軟になっていた。すなわち、シウハマソンで見られた柔軟な資源利用が、グワイマシでも見られるようになってきたのである。

また、グワイマシよりも早く定住化が進み、一九八八年から一九九四年で三〇人ほど人口が増加したシウハマソンで見られた変化は、根茎畑の増加である。前述のように、根茎畑はバナナ畑にくらべて休耕期間が短く、単位面積当たりの生産性が高い。根茎畑の増加は、人口増による土地不足が進んだ結果として生じた生存戦略の変化と考えることができるのである。

一方、ギウォビとシウハマソンで見られた違いは、両者の成立の違いに起因していると考えることができる。シウハマソンがクボのみで構成された集落であるのに対し、ギウォビはサモとクボの混住で特徴づけられる集落である。また、四つのロングハウスコミュニティが集合してその中心地に成立したギウォビは、いずれのロングハウスコミュニティにとっても自身が所有する土地に囲まれている。すなわち、利用権を非所有者に拡張する必要性がないと同時に、その拡張は言語集団を越えたものになるため、クボのみの場合とくらべ敷居が高くならざるを得ない。さらに、調査時にほとんどのメンバーがノマッドに移住していた一つのサブグループを除く三つのサブグループの構成をみると、最大のサブグループではベダミニ出身者が長年にわたる共住の結果としてグループの構成員となっていた。また、残りの二つのサブグループの構成も、その中心メンバーは男性の兄弟関係に基づいていたが、周辺メンバーには妻がそのオビ出身であることによって集落の構成員になっていた者がいた。ギウォビを一つの集落としてみたときにはサブグループ間の独立性がきわだつが、サブグループ内では、シウハマソンやグワイマシで見られた資源の柔軟な利用が行われている可能性はある。つまり、四つのロングハウスコミュニティが集合して成立したギウォビは、かつてのロングハウスが自立性を強く有したまま形成された集落であるとみなすことができよう。

2……交換・邪術と平準化

グワイマシとギウォビの食物獲得活動、とくに農耕について、ドワイヤーとミネガルや口蔵さんが強調するのは、自立的生産単位と交換の問題である。クボにおける食物の分配と交換は、狩猟採集社会の多くでみられるように、狩猟の獲物である動物性食物に限定されるのではなく、畑作物やサゴデンプンなどの植物性食物でもみられた。クボでは農耕は世帯あるいは個人単位で行われるが、その生産物は世帯内で消費されるのではなく、グワイマシの場合は集落内で、また、ギウォビの場合はサブグループ内で頻繁に交換された。また、許可を得た上で他者の畑から生産物を収穫することもよく行われていた。口蔵さんによると、一五日間の生産量調査の期間中にギウォビで生産された全食物のエネルギー換算量は約一三二万キロカロリーに相当し、そのうちの約二割が他者の所有する畑から収穫した作物に由来した。また、全生産量の約四五％は、他世帯や短期の訪問者に分配された。その結果として、各世帯の生産量の差異は平準化され、必要量を確保することが可能になったのである。すなわち、グワイマシやギウォビにおいては、生産と消費の自立的単位は世帯ではなく、集落、またはサブグループであり、それは生産物あるいは調理した食物の直接的な分配や交換によってもたらされていた。

ドワイヤーとミネガルは、生産と消費の自立的単位が世帯ではなく集落になっていたことについて、生態学的要因よりも、邪術への恐れによるものであることを示唆している。各世帯は、成熟期間の異なるバナナの品種をより効果的に植え付けることで自己充足的な生産消費単位になる可能性がありながら、あえてそのような選択をせず、相互に依存しあう生存戦略をとっていると思われる。そしてそれは、邪術へのおそれ、すなわち、他者から邪術をかけられること、他者へ邪術をかけたと疑われることを回避するための方策だというのである。

シウハマソンにおいても、食物の交換や分配が日常的に行われていた。また、口蔵さんがギウォビで観察したような、許可を得た上での他者の畑からの作物の収穫もみられた。畑やサゴデンプン作りからの帰り道に収穫物を分け与えたり、食事どきに調理したバナナやサゴデンプンをその場に居合わせた者に分配したりすることは、誰にとっても当たり前の行為と考えられていた。また、狩猟によって野ブタなどの大型の獲物がとれた時には、集落のすべてのメンバーに肉がゆきわたるように、細心の注意を払って解体と分配が行われた。

クボの社会的交渉の中心を占めるといってもよい交換と分配が、人びとに強く意識され確認される場は、本章の前半で述べたように儀礼時における食物の交換と、婚姻時の姉妹同時交換である。儀礼の際に調理される食物は交換のために用意されるのであって、参加者がそろって食物をともに食べる、いわゆる共食が目的なのではない。かつてのロングハウスでの共住を構成原理とする数家族からなるグループごとに準備され持ち寄られた食物は、ほとんどが同じ食材を使っており、交換の前と後で各グループの保持する食物に目立った違いはないが、たとえ同じ食物でも交換することに意味があるのである。

また、平準化に裏打ちされた交換は、姉妹同時交換という婚姻規則にもみられる。男性がある女性との婚姻を望む場合、ほぼ同時期にその女性の兄弟に、自分の姉妹を嫁がせることが求められる。婚姻可能な姉妹がいない場合には、同じオビの中から交換のための女性を探したり、将来生まれてくるであろう自分の娘や妹を提供したりすることを前提に婚姻を成立させることもあった。この取り決めは、一回ごとに結ばれるため、交換のパートナーになるオビが永続的に固定化されるということはなかった。一組の婚姻において、互いが女性の「受け手」と「与え手」の両方の役割を果たすことによって、婚姻によって生じる女性の交換の債務を平準化させていたわけである。

平準化を前提とした過剰ともいえる交換における遅滞や不均衡は、その当事者間に「妬み」の感情を引き起こし、緊張状態を生じさせることになる。政治的リーダーがいないクボ社会では、こうした緊張状態は当事者間で解決しなければならない。そして、その解決方法は一方の当事者が集落を離れるほかにはなく、その結果として、人びとは頻繁に居住地を変えていったのである。かつてのロングハウスでの暮らしのもとでは、こうして生じた避難者の移住と、二〜三年に一度行われる集落の位置の変更とがあいまって、コミュニティメンバーの変動はきわめて大きなものであったと考えられる。

3……平準化の比較と考察

クボ社会におけるロングハウスコミュニティのメンバー構成の変動の大きさは、メンバー間の葛藤の解決手段としての離合集散を常態とする狩猟採集社会のバンド編成に類似したものとみなすことができるかもしれない。しかし、その生存戦略に与える影響は異なったものとなる。アフリカの狩猟採集民ハッザの調査などを行ったイギリスの人類学者であるウッドバーン（Woodburn 1982）は、多様な食物獲得活動を、狩猟採集社会の多くでみられるような、投入した活動に対してすぐに見返り（食物の採捕）が期待できる即時収益システム（immediate-return systems）と、それ以外の社会における、活動の投入からその見返り（食物の収穫）まで一定の時間の経過が前提となり、かつ、食物の貯蔵や富の蓄積が可能であるような遅延収益システム（delayed-return systems）に大別し、平等社会（egalitarian societies）の前提には即時収益システムが不可欠であると論じた。ウッドバーンが即時収益システムに基づく平等社会の例としてあげているのは、ムブティ、クン・ブッシュマン、パンダラム、パーリヤン、バテッ、ハッザの六つの社会である。その中でもとくに、リー（Lee 1979）やマーシャル（Marshall 1976）が調査したクン・ブッシュマンと、自分自身が調査を行った（Woodburn 1970など）ハッザの事例を多く取りあげて、これらの社会の平等主義的特徴をまとめている。

ウッドバーンが平等社会の基本的特徴としてあげているのは、以下の四点にまとめることができよう（1982: 434）。すなわち、（1）社会組織の柔軟性とその編成の継続的変化、（2）居住、食物獲得、交易、交換、儀礼における個人の選択の自由、（3）（生存のための）基本的要件へのアクセス権を他者に依存しないこと、（4）親族を含む他者との関係が分配（sharing）と相互関係（mutuality）に限られ、かつ、それが長期的なコミットメントや依存を意味しないこと、の四つである。彼は、これらの平等主義的特徴が、技術や労働の過程、所有規則の単なる副産物ではないとしながらも、即時収益システムに分かちがたく結びついたものであるとしている。さらに、これらの社会にみられる遊動的生活、資源利用の柔軟性、権力の欠如、分配、私有財の蓄積の否定とその循環等にみられる平準化メカニズムを例示し、富や権力、地位といったものにおける差異の顕在化が即時収益システム社会の脅威になると論じている。

しかし、この見方は、社会を環境と食物獲得活動の関数と捉えるものであり、人間の環境や諸活動に関わる諸観念が社会の形成に及ぼす影響を軽視しているといえる。たしかに、ウッドバーンのあげた六つの社会においては、即時収益システムと不可分に結びついた平準化メカニズムが平等主義的特徴をもたらしていることは否定できないが、遅延収益システム社会において、極端な平準化メカニズムが作用しないとはたして言い切れるだろうか。本来、遅延収益システム社会では、その生産システムの特徴から、富や権力、地位における差異の顕在化を促進する方向に向かう傾向はあるが、他の要因がそれを阻害する可能性は否定できない。たとえば、「生態人類学は挑む」という本シリーズ出版のきっかけを作られた掛谷誠さんは、アフリカ東部の焼畑農耕を基本的生産システムとするトングェ社会において、他者からの妬みとその結果生じる邪術への恐怖に支えられた極端な平準化メカニズムが見られることを論じている（一九七四、一九七七、一九八三、一九九四）。現在、生態人類学的研究に求められるものは、これまで積み重ねられてきた人間社会の普遍性の理解に加えて、多様な社会の特異性を、人間・自然・超自然の三者関係の中で理解することではないだろうか。

即時収益システムを基本とする狩猟採集社会においては、バンドの変更は微小環境の認知における不慣れさを伴うかもしれないが、それ以外に大きな損失を導くことはない。狩猟採集社会の成員は、将来の食物獲得活動への大きな不安なしに、バンドを変えることが可能なのである。一方、遅延収益システムを基本とするクボでは、ロングハウスコミュニティの変更は、それまで耕作していた畑の放棄を伴う。他者が所有する土地で、ゲストとして生きることを意味するのである。ゲストである新規移入者は、当然ながら自分の畑やサゴヤシを持ってはいない。移入してすぐ、また、その後も長期にわたり、みずから食物を獲得する手段を持たずに生活せざるをえないのである。

食物獲得のための手段をもたない移入者の生活は、ホストによる食物の直接的分配によって保障された。一見、一方向的であり、不均衡を生じさせるホストからゲストへの食物の分配は、ロングハウスコミュニティのメンバーの離合集散の過程で、ゲストとホストが入れ替わることによって平準化していたのだろう。これが、ドワイヤーとミネガルが一九八六年から一九八七年にかけてグワイマシで観察した、生産の不均衡を分配によって平準化していたことの機序なのである。そして、定住化と規模の増大によって、平準化の可能性が失われた結果、シウハマソンではゲストにも資源の利用権が認められることになったと考えられる。

しかし、食物の分配と交換が行われるのは、ホストとゲストに限定されたものではない。食物を交換することの意義は、互いの友好的な関係を確認し強化することにもあると思われる。日常的に食物を交換することで、集落内のメンバーは互いが緊張関係にないことを確認する。そして、互いの間に「受け手」と「与え手」が確定することによる不均衡を生じさせないために、所有する食物が平準化されることを望むのである。

両者の間に不均衡を生じさせるもっとも明白な機会は、誰かに何かを要求することである。一方が他方に何かを要求することによって両者間の所有の不均衡が顕在化する。また、要求を受け入れ、それを与えることによって「受け手」と「与え手」が確定し、新たな不均衡が生じるのである。

クボでは何かを他者に要求する時には、単に自分がそれを所有していないということを明言するだけでよい。要求は、特定の相手、または不特定多数に向かって、「存在しないこと、所有していないこと」を表す「モイ」に強調の終助詞「ドー」をつけて、「～モイドー」と言明すればよいのである。そして、何かを要求された場合にそれを断ることには、きわめて強い心理的抵抗が伴う。そのことによって両者の間に緊張状態が生じることを恐れるからである。したがって、多くの場合にその要求はかなえられることになる。だが、たび重なる要求もまた、交換の不均衡と「与え手」の負担の増加を導くことによって、緊張状態を形成する要因になる。要求は、それがかなえられることを前提に、限定的な状態でのみ行われていたのである。

この点に関しては、私自身も以下のような経験をした。調査期間中は、私は基本的には集落の人びとが生産する食物を食べていた。新規移入者である私に対して、ほとんどの人びとはバナナやサゴデンプン等の食物を分け与えてくれた。現金で食物を購入する必要はほとんどなかった。ある時、サゴデンプンのみの食事に少し飽き飽きしていた私は、緑黄色野菜であるアビカを食べたくなった。そこで、テスタビの中心にある広場で「オリギャー（アビカのこと）モイドー」と叫んでみた。すると、家々からアビカをもった人びとが私の方にやってきて、恥ずかしげにそれを手渡してくれたのである。こうして手に入れた大量のアビカは、保存手段がないためその半分以上を腐らせて無駄にしてしまったのではあるが、これに味を占めた私は、何か必要なものがあったらとりあえず要求してみようと考えた。しかし、私の思惑はアシスタントのナディによってたしなめられることになった。何も与えることなしに要求ばかりすることは、サモやクボの社会ではほめられた行為ではないというのである。

また、このようなこともあった。調査期間の終了が近づくにつれ、私が持ち込んだちょっとした荷物（床に敷くグランドシートやバッグ類、ヘッドランプなど）を置いていくのか持ち帰るのかをよく聞かれるようになった。置いていくものと持ち帰るものがはっきりとしてくると、人びとは入れ替わり立ち替わり私の小屋を訪れて、置いていくものをじっとみつめることが多くなった。しかし、けっして何かを要求することはなかった。そのうち、何人かからナディを通じて、分配が公平に行われるように申し入れを受けた。それまでに私が受けた分配が正当に評価され、それに見合ったものが与えられることを望んだのである。これは、私と人びととの交換が両者にとって釣り合いのとれたものとなることはもちろん、私からの分配に人びとの間で不均衡がないようにという配慮だった。そこで、私は人びとから受けた有形無形の恩恵をノートに書き出し、すべての人びとに品物が行き渡り、かつ多くの人びとが納得できるような分配方法を考えなければならなかった。おそらく、クボの人びとの頭の中には、私がノートに書き出したような他者との関係が詳細に記録され、それらとバランスをとることに気配りがなされていたのだろう。

前節で述べたように、交換における遅滞や不均衡によって蓄積された「妬み」は当事者、またはその近親者の死により顕在化する。クボにおける死は、邪術によるものと、その死をもたらしたとされる邪術師への処罰によるものしかなく、邪術の原因のほとんどが交換における遅滞や不均衡にあるとされているからである。

クボにおいてすべての死が邪術によるもの、または邪術師と断定されたことによる処罰であるならば、実際に邪術を行ったかどうかは別として、邪術の犠牲者となること及び邪術師であると断定されることは、人びとの生死にかかわる問題になる。邪術の対象となること、または、邪術師であると疑われることを避けるためには、他者との間で妬みが生じるような関係が構築されることを極力避けねばならない。そのために、人びとは「受け手」と「与え手」が固定化するような不均衡を生み出さないように気を配らなければならないのである。日常生活において頻繁に食物を分配して移入者の生活を保障し、また、婚姻に際して女性の交換の不均衡が生じないように配慮することは、いわば、こうした平準化へのオブセッションから生じていると考えられる。掛谷さんがアフリカ東部のトングェで論じたような、邪術への恐怖に支えられた極端な平準化メカニズムが、パプアニューギニアのクボでもみられたのである。

ところが、兄弟関係を中心としたロングハウスでの生活から、大人数の定住集落での生活へと変化した結果、他者との関係は大幅に増加した。さらに、集落の移動や成員の離合集散がなくなった結果、それまでのホストからゲストへの食物の分配は、「受け手」と「与え手」を固定化させる結果となった。こうした状況がそのまま続けば、ホストとゲストの間の生産と分配の不均衡が顕在化し、「妬み」が生じる可能性が高くなる。これを避けるために、シウハマソンでは移入者への土地利用権の拡張が起こったと考えられる。

これまでみてきたように、シウハマソンにおける食物獲得活動の特徴である資源利用の柔軟性は、定住集落での生活によって引き起こされた集落規模の増大とメンバーの固定化という社会変化と密接な関係があることがわかった。新たな状況のなかで、「受け手」と「与え手」が固定化することによって生じる生産と分配の不均衡を避けようとする、いわば平準化へのオブセッションにより、移入者の資源利用を認めるようになったと考えられる。

ストリックランド・ボサビグループのいくつかの集団については、政治的リーダーの欠如といった平等主義的特徴の他に、資源利用の柔軟性が以前から指摘されていた。たとえば、ショーロムはベダミニについて、土地は豊富にあり資源の利用権は土地の所有権よりも居住によって決定されるとしている（Sørum 1980）。また、ゲブシを調査したノフトも、土地の所有権は名目上相続されるが、実際の資源の利用権は居住によって獲得される傾向があるとしている（Knauft 1985）。しかし、これはストリックランド・ボサビグループの平等主義的特徴を強調するあまり、狩猟採集社会との類似性を過度に求めすぎた結果として引き出された結論である可能性もある。少なくとも、クボにおいては、グワイマシ、ギウォビ、シウハマソンの資源利用を比較すると、居住者のすべてに利用権を認めるという柔軟な資源利用は、ロングハウスから定住集落へという変化の過程でもたらされた可能性が高いことがわかった。本来は所有権者に限定されていた利用権が、集落のメンバーの固定化と集落規模の増大によって、移入してきた居住者にも認められるようになったと考えられるのである。むしろ、生産手段の大きな違いにも関わらず、狩猟採集社会と類似した平等主義的特徴が見られることの方が注目に値すると考えられる。

クボ社会の半遊動的生活（ただし、狩猟採集社会とは異なり二〜三年間隔）、資源利用の柔軟性（シウハマソンのみの特徴）、権力の欠如、緊張状態解決のための離合集散、分配等にみられる平等主義的特徴は、生産システムからもたらされたものというよりは、彼らの社会に埋め込まれた平準化へのオブセッションに起因していると考えられる。そして、それは政府による彼らの生活への介入、具体的にいえば、戦闘状態の終結と規模の大きな定住集落の形成の結果、飛躍的に増大した社会的交渉によっていっそう強化されたと思われる。狩猟採集社会にみられる資源利用の柔軟性とバンドメンバーの離合集散との密接なつながりは、クボ社会においてはまったく逆の意味合いを持っていることに注意したい。狩猟採集社会においては、資源利用の柔軟性は離合集散の過程でバンドを移動したメンバーに食物を保障するという意味を持っていた。一方、クボ社会においては、かつては柔軟な資源利用によるのではなく、ホストによるゲストへの食物の分配によって移入者の生活を保障していた。しかし、集落のメンバーが固定化したために、離合集散によって資源の所有者と非所有者の入れ替わりの可能性がなくなった結果、非所有者への資源の開放が行われたのである。つまり、平準化へのオブセッションが、「受け手」と「与え手」が固定化することを諒としなかったのである。

第5章

クボの森からキワイの海へ

1 シウハマソンからノマッド、そしてポートモレスビーへ

一九八八年の調査では、私の送別会の後は、家族ごとに写真を撮ったり、ノートの整理をして聞き取りの足りないところを質問したりして過ごした。また、前述のように、シウハマソンに残していく荷物から誰に何をあげるかを、ノートに書いて、すべての人びとに何かを残していけるように工夫した。ノマッドには一二月になってから出かけるつもりだったが、河辺さんと稲岡さんのノマッドからの飛行機が一日遅れるなどしたこともあり、余裕をもって一一月の終わりにはシウハマソンを発つことに決めた。

人びとに残していく荷物に気を使ったのにはもう一つの理由があった。九月初旬に口蔵さんの送別会がギウォビで行われ私も参加した。送別会にはシウハマソンをはじめ、他の集落からも参加する人が少なからずいた。その翌日、口蔵さんはギウォビを出る時に残していく荷物をまとめて、村長のような役に指名されている男性に託していた。もちろん、誰に何を残していくかも伝えてあった。ノマッドまで口蔵さんに同行し、見送った後にシウハマソンに帰ってくると、私たちがノマッドに向かった後で、ギウォビの人びとだけでなく、他の集落から来ていた人たちも加わって荷物を奪い合い、収拾がつかなくなったということだった。私がシウハマソンを出る時にはそのようなことがないように、かならず一人ずつ手渡してくれとくぎを刺された。村長役の男性には権威はそれほどなく、集まった人びとの要求を断れなかったのだろう。

いよいよシウハマソンを出る日が来て、一軒ずつ各家族をまわって挨拶をしていった。クボの挨拶は、男女にかかわらず握手をした後、お互いの中指を強くこすり合わせてパチンと音をたてるのが一般的であり、全員と指を鳴らしているうちに中指が痛くなってきた。また、そのうちにシウハマソンでのいろいろなことを思い出し、次にいつ来ることができるかもわからないこともあり、不覚にも大声で泣き出してしまった。強い感情をあまり表に出さないクボの人びとにとっては珍しい光景だったようで、一九九四年に再訪した時には、「お前はよく泣く男だ」とからかわれた。かわいがっていたジョンはグバの家では見かけなかった。別れがつらく、森に入っていたらしい。

ノマッドに着いてからは、空いている役人の家を借りて何日か過ごした。植民地時代に白人のパトロールオフィサーが残したパトロールレポートのカーボンコピーを書き写したり、クボコーナーで補足の聞き取りをしたりしていたが、一番気がかりだったのは、飛行機の確保である。一応、週三便飛んでいるノマッドからキウンガへのチケットは持っていたが、天候や乗客数によっては欠航になることが少なくなかった。あいかわらず、ノマッドの政府出張所は所長が不在で、副所長のタカイ氏にお世話になった。タカイ氏によると、準備ができたらすぐに飛行機に乗ってなるべく早くキウンガに向かう方がよいということだった。そこで、予定よりも二日早い便に乗ることにしたのだが、飛行機に乗ろうとしたところ、パイロットに日付が違うから乗ることはできないと言われてしまった。その頃はタカイ氏とその白人パイロットの関係が悪くなっていたようだ。タカイ氏は定期便の他に、物資や人員の輸送のためにしばしばタルエアの飛行機をチャーターしていたのだが、頻繁なチャーターにパイロットが反発したらしい。タカイ氏は抗議したが、パイロットは予定通り明後日に来るから、その時に乗るようにと言ってキウンガに帰っていった。ところが、翌々日になると、そのパイロットが腹痛のためノマッド・キウンガ便は欠航との知らせが無線で届いた。明らかに意趣返しのようだった。結局、その翌日、タカイ氏がチャーターした同じタルエアのガソリンの輸送機でノマッドを離れることになった。ガソリンは、ノマッドにある発電機のためのものだった。輸送機には座席がなかったため、操縦席に乗せてもらってキウンガへ向かった。

キウンガに着くと、すでに予約していた便は出発した後だった。とりあえず、カウンターで翌日の便に変更してもらおうとしたら、すぐ後にタブビルからキウンガ経由でポートモレスビー行きの臨時便が飛んでくるということだった。タブビルはフライ川の上流、西部州の北の端に近く、オクテディの金鉱山の近くにあり、鉱山の開発により大きくなった町だった。一席空いているということだったので、それに飛び乗りポートモレスビーに向かった。往路ではキウンガで何日も停滞したが、復路はノマッドで一日待っただけで、キウンガには泊まらずパプアニューギニアの首都まで一日で到着することができた。

ポートモレスビーの空港からタクシーに乗り、ドブトラベルのゲストハウスに向かった。キウンガの空港ではバタバタしていたため、予約の電話を入れることができなかったが、ドブトラベルの敷地に入ると、マヌスから帰って来た秋道さんがチェックインをしているところだった。折よく三人部屋が空いており、秋道さんと河辺さんとともに五日間ほど過ごした。その後、同じくマヌスから稲岡さんも加わって四人になった。ポートモレスビーでは、調査許可を出してくれたパプアニューギニア研究所や日本大使館への調査終了の挨拶を行い、パプアニューギニア国立大学で文献資料の収集などを行って過ごした。また、当時パプアニューギニア国立大学の講師をされていた松岡達郎さんのお宅で、松岡さんが実習船で獲ってこられたマグロの刺身などをごちそうしていただいた。松岡さんは、私と同じく北海道大学出身で、パプアニューギニアで水産学の研究をされていた。一九九二年には鹿児島大学に移られたが、後述する一九九〇年の西部州沿岸部に暮らすキワイの調査の時にも大変お世話になった。

2 二度目と三度目のシウハマソン

1……一九九四年

二度目のシウハマソン調査の機会は一九九四年に訪れた。調査の内容はすでに紹介しているので、三度目の調査を含めて、一九八八年の調査の時に苦労したシウハマソンへの往復や生活の変化などについてまとめる。一九九四年の調査は、大塚さんを代表者とする科研費の調査に正式に加えていただいた。その年のメインの調査地はマヌス島だったが、他に南部高地州（現ヘラ州）のフリという人口の大きな言語集団も対象だった。ノマッド周辺の調査は私だけが行った。

ポートモレスビーの宿は、前回と同じくボロコにあるドブトラベルのゲストハウスだった。到着した六月二四日のうちに換金を終え、調査許可を出してくれた国立ニューギニア研究所への挨拶などを済ませた。翌々日の二六日にはフリで調査を行う東大院生の山内君と南部高地州の州都（当時）タリへ向かった。この年は、ノマッドまでの定期便の運航はなく、タリからノマッドに入ることを勧められた。初めてのニューギニア高地は、赤道直下でありながら標高が高いため日中でも摂氏二五℃前後で過ごしやすく、マラリアを媒介するハマダラカもいない快適な場所だった。ただし、フリの人びとの気性は激しく、サモやクボからは恐れられていた。タリからは民間航空会社の定期便はないが、キリスト教関連の航空会社MAFがリクエストに応じて、ノマッド近郊の飛行場へ軽飛行機を飛ばしていた。ノマッドやその近郊の村のよろず屋経営者は、MAFを利用してしばしばタリに買い出しに来ていた。

MAFはMission Aviation Fellowshipの略称で、キリスト教宣教師や関係者がパプアニューギニア国内、とくに道路網が整備されておらず、アクセスが難しいへき地の村に移動することを助けるために一九五一年に設立された組織である。しかし、人びとはしばしばMission Air Force（キリスト教空軍）と呼んでいた。ドブトラベルにせよMAFにせよ、パプアニューギニアではキリスト教の影響力が強い。これは、一九世紀後半からロンドンミッショナリー、メソジスト、カトリック、ルター派などが布教を行い、広まっていった結果である。第二次大戦後には前述のSDAも布教をはじめ、現在では国民のほぼ全員がキリスト教のいずれかの会派に属していることになっている。

さて、一九九四年には、タリのスーパーマーケットで二か月強のシウハマソン滞在のための買い物を済ませ、六月三〇日の早朝にタリの空港へ向かった。ノマッド近郊のサモやクボのよろず屋から何人かが買い出しに来ているはずだったが、タリでは誰にも会わなかった。空港でMAFを待っていると、ちらほらとサモやクボの人びとがやって来た。これまでどこにいたのか尋ねたが、フリの人びとが怖くて買い出しの後は友達の家でじっとしていたということだった。一応、九月の復路便についても予約を入れたが、直前にならないとフライトスケジュールは決まらないので、帰りの便は調査を終えてノマッドに出てきてから再確認しなければならなかった。

飛行機はタリを飛び立ち、厚い雲の中を通り、途中ソアビに寄ってからノマッドに到着した。政府の出張所には所長のモゼス氏がいて、いろいろと助けてくれた。ノマッドには三日間滞在し、ポーターや調査のアシスタントを決めることにした。一番北側の空き家になっている役人の宿舎を借りて、食事はモゼス氏の奥さんに面倒を見てもらうことにした。ノマッドでは、前の調査で大塚さんのアシスタントをしていたウドブに出会った。サモの村ベベロビからたまたまノマッドに出てきていたらしい。夕方になってモゼス氏が、シウハマソンから翌日のマーケットに合わせてノマッドに来ていたフォロ、タボダ、ビゴンを連れてきてくれた。彼らの話から六年間の間にシウハマソンの住民の何人かは亡くなったことを知った。モゼス氏によると、現在はノマッドとキウンガを結ぶ定期便の運航はないため、役人や必要な物資は州政府がチャーターしたサウスウェスト航空の飛行機で運んでいるということだった。

借りていた宿舎で休んでいると、庭のパパイヤを取りに男性がやってきて、気になることを話していった。男性は少し前までこの家に住んでいた役人なのだが、北からフリの強盗団がやってきて、銃で脅され出張所の金を盗まれたという。北の端にあるこの家は危険だと思い、別の宿舎に移ったということだった。フリの中には、水道管などで自家製の銃を作り、強盗をはたらく者がいるとは聞いていたが、こんなところまでやってくるとは思わなかった。

翌日は金曜日で、この年は毎週ノマッドでローカルマーケットが開かれていた。シウハマソンからも、バナナやタロなどの作物、燻製の魚や肉を売るために人びとがやってきていた。その中には、次に来るときはアシスタントとして雇ってくれといわれていたキマダもいた。彼は一九八八年にはノマッドの職業訓練校に通っていて、週末にはシウハマソンに帰ってきていた。キマダはシウハマソン生まれであり、シウハマソンの人びとのことや、どの土地をどのオビが所有しているかもよく知っていた。マーケットに来ている人びとの中からポーターも簡単に見つかった。

前回の調査時には村びとのおよそ半数がSDAの信者だったが、今回はほとんどがSDAに改宗していた。SDAの信者は土曜日を安息日としていたので、ノマッドを出発するのは日曜日の七月三日にした。ノマッド川を渡り、シウハマソンには途中休憩も含めて二時間半で到着した。前回使わせてもらった、エイドポストで働くドクターボーイとその家族のための小屋はあったが、ドクターボーイが家族で赴任する予定だということで、シウハマソンの小区画ユマビに作ったレストハウスを借りることにした。結局、ドクターボーイとその家族は、一か月後の八月初旬にようやく赴任した。この年はユマビに住むビゴンが集落のまとめ役に任命されていたので、レストハウスを彼の家の近くに建てることにしたらしい。レストハウスを借りることはノマッドの政府出張所長のモゼス氏にも許可を得ていた。ビゴンの家では奥さんのシエイが木製の小さな檻でヒクイドリを飼っていた。写真2―9（五八頁）のヒクイドリは、その檻から逃げ出したものである。

レストハウスはまだ完成していなかった。到着後にドアを作ったり、いろりを作ったりとキマダはよく働いた。ただし、トイレはなかったので、まず二メートルくらい穴を掘りその上に板をわたし、ココヤシの葉で四方に壁を作り、屋根はサゴヤシの葉で葺いて何とか四日後に完成した。そもそも、クボやサモの人びとはトイレを作らず川で用を足していたらしい。サモの定住集落で調査をしたショウによると（Show 1996）、定住集落を作った直後も、近くの小川を飲水用・水浴び用・トイレ用に分けて使っていたが、巡回に来た白人パトロールオフィサーに、衛生上の観点から川をトイレとして利用することを禁じられたという。素直なサモの人びとはそれに従ったが、トイレを作るという習慣はまったくなかったので、村のあちこちで用を足していた。そのた

写真5-1　サゴヤシの葉は屋根材にも使われる。こちらを向いているのがオソサヤ

め、村が近づくと、糞便の匂いでそれがわかったという。その数年後に巡回に来た別の白人パトロールオフィサーが、村中に糞便が散乱していることに驚き、穴を掘ってトイレを作るように指導したということだ。現在では、ノマッド近郊の集落では、穴を掘ったトイレが使われている。

六年の間に、シウハマソンにも少しばかり変化があった。ビゴンとフォロ、そしてオロボがそれぞれ小さなよろず屋を開き、鍋やフライパン、米や缶詰などの食料を売っていた。そのこともあってか、米やサバ缶などの食料も少しずつではあるが食べられるようになった。このことについては、第2章の3節で分析している。一九八八年に私が帰る少し前に、夫婦げんかの果てに、若い奥さんのワヤメに薪で殴られ顔を腫らして寝付いてしまったボセベは亡くなっていた。かつてギウォビで口蔵さんのアシスタントをしていたルークが、ボセベと同じオビに属していたため、未亡人のワヤメと結婚しシウハマソンで暮らしていた。一九八八年の時に可愛がっていたジョンは、父親のグバとともにウォナビに戻っていたが、私が再びやってきたことを知り、シウハマソンにきて一週間ほど私と一緒にレストハウスで過ごしてくれた。

また、この年は雨が多かった。前回は、村の中にヒルがいることはなかったが、今回は雨でぬかるんだ村の道にもヒルが出てきていた。サゴデンプン作りや畑の測量の時には、森の中でヒルに吸血されないように地下足袋と脚絆にテープを巻いて防御していたが、村の中を歩くときはいつもサンダルを履いていた。そのため、何度もヒルに血を吸われてしまった。蚊に食われて腫れたところをヒルにまたやられて、その傷が化膿してしまい、帰るまで治らなかったこともあった。タンパク質や脂質が不足して、免疫力が落ちていたのかもしれない。

シウハマソンの人びとのほとんどがSDAに改宗してしまい、野ブタの狩猟の頻度も少なくなっていた。SDAの信者ではない男性は、信者を気にして野ブタを獲りに行くことをためらっているようだった。SDAはノマッド周辺で信者を増やしており、八月末にノマッドで大がかりな集会を予定していた。その時に滞在する簡単な小屋を作るため、人びとはしばしばノマッドに出かけていた。また、集会では集落ごとに信者が広場を行進することになっていた。シウハマソンでも行進の練習が行われたが、他の人と歩調を合わせることは初めての経験のようで、何度やってもなかなかうまくいかなかった。われわれは小学校、あるいは幼稚園で行進の練習をさせられる。そのことに何の違和感も持ってはいなかったが、よく考えてみると、全員が手と足を同期させて一糸乱れずに行進するというのは、なかなか異様な光景ではある。

八月の後半になると、人びとは集会の準備のためしきりにノマッドとシウハマソンを往復するようになった。集会は八月末ということだったが、正確な日時はよくわかっていなかった。そもそもカレンダーや時計とあまりかかわりのない生活をしているので、日時がわかってもそれがいつなのかを正確に把握することは難しいの

写真5-2　送別会で食べるため子供たちとカソワリの羽をむしる

だろう。ＳＤＡの信者にとって重要なのは、安息日の土曜日だけだった。

集会の準備のため、今回の私の送別会は八月一一日に行なわれることになった。パプアニューギニアからの帰国日は九月一四日だったので、九月一〇日頃にポートモレスビーに戻るつもりでいたため、送別会の後もしばらく調査を続けることになった。また、今回は近隣の集落から人を呼ぶことはせず、シウハマソンの人びとだけでユマビで行なうことになった。私としてはその方がうれしかった。前回のように森に入って食料を集める時間はないので、村で飼っていたヒクイドリを食べようということになった。前述のように、隣に住んでいるビゴンの家で大きなヒクイドリを飼っていたので、それを食べるのかと思っていた。しかし、ビゴンの家族は自分の飼っているヒクイドリを食べることができないため、テスタビのタボダが飼っているヒクイドリを購入することにした。値段は五〇キナであり、私は二〇キナほど寄付をし、残りの三〇キナはユマビの人びとが支払ってくれた。タボダの飼っていたヒクイドリは大きめの幼鳥で、肉垂も小さくてまだ赤くなっていなかった。ヒクイドリは石蒸にして食べたが、タボダはけっして自分では食べずに、美味しいとされる脂肪を他の人びとに勧めていた。

送別会の後もシウハマソンにとどまり調査を続けていたが、八月後半から続々と村びとがノマッドに出かけていった。何人かは、また日程が変更になったといって戻って来たが、二〇日ころになると村は閑散となった。全員がいなくなるとポーターを雇えなくなるし、そもそも調査ができないので、二二日にノマッドに出ることにした。今回は、見送りはほとんどいなかったが、ノマッドに行けば人びとに会って挨拶もできるだろうと考えた。信者以外からなんとか四人のポーターを雇い、その日の昼前にノマッドに着いた。何日滞在するかまだ分からないが、タリから着いた時と同じ、北の端の宿舎を貸してもらった。フリの強盗団に襲われることを恐れて誰も住みたがらないようで、まだ空き家になっていた。そのためか鍵もなかった。

翌日からはＭＡＦの代理人の無線でＭＡＦのリコンファームを行った。この無線は、ノマッドに近いベダミニの比較的大きな集落であるモグルーとは双方向で話ができるが、タリとの送受信に問題があった。タリからの音声は受信できるが、こちらの音声はタリには届かなかった。リコンファームはモグルーに中継してもらう必要があり、すぐに結果はわからないようになっていた。そこで、二九日以降ならいつでも良いということにして、日時は代理人に任せることにした。サウスウェスト航空の政府チャーター便は週二便程度、キウンガからやってきていた。私宛の手紙も、チャーター便で届けられていた。ＳＤＡの集会の準備は進み、キウンガなどから関係者がチャーター便でやってきていたが、集会がいつから始まり、いつまで続くのかについての情報はかなり混乱していた。

二七日の土曜日になって、MAFの飛行機が月曜日に来るという情報が入った。何時に来るのかははっきりしないので、日曜日には荷物をまとめて月曜日にすぐ出発できるように帰る準備を進めた。月曜日は朝から飛行場でMAFを待っていたが、飛んでくる様子はなかった。そのうち、代理人から飛行機は明日になる、という連絡があった。前回も、ノマッドを離れる時にはすんなりといかなかったが、今回も同じようだ。ただし、帰国日まではまだ二週間ほどあるので、あせらずに待つことにした。タリに出て、高地の涼しい場所で何日かのんびりしようと、この時は思っていた。

ところが、翌日になって困ったことが次々に起こった。まず、MAFの飛行機が故障したため、次にいつノマッドに飛んでくることができるかわからないという連絡が入った。いつのまに集会が終わったのかよくわからなかったが、SDAの関係者も何人かMAFで帰ることになっていたので、慌てだした。そのうち無線で、タリから強盗団が南下中で、ベダミニの集落であるモグルーからノマッドを目指していると連絡が入り、さらに大慌てになった。私が借りていた宿舎は、強盗団がやってきたら最初に襲われる場所にあった。しかも、そこに日本人がいるとなるとどうなるかわからない。キマダをはじめシウハマソンの男性たちは、SDAの集会に出るために、いつも携帯している弓矢を村に置いて来ていた。弓矢があったら強盗団から私を守ることができるというが、銃器にはかなわないだろう。モゼス氏はすぐに、SDAの関係者を乗せるため、サウスウェスト航空のキウンガ行きのチャーター便を手配した。そして、私にもその飛行機に乗るように勧めてくれた。しかし、私が行きたいのは西のキウンガではなく、北東のタリである。タリには荷物も残してきた。しばらく逡巡していると、「タリ行きのMAFの飛行機はいつ飛んでくるかわからないし、それより前に強盗団がやって来るだろう。その場合は最初にお前の家が襲われるだろうから命の保証はできない。まずはキウンガに出て、そこからタリを目指すように」と諭された。勧めに従い、人びとへの挨拶もそこそこに、SDA関係者とキウンガ行きの臨時便に乗り込んだ。

キウンガに着いてから、飛行場でタリ行きの便を探したが直行便はなかった。タリに行くにはいったんポートモレスビーに出るか、キウンガから北のタブビルに向かい、そこから西部高地州のマウントハーゲンに出て、飛行機を乗り継いでタリにむかうしか手はなかった。最終目的地はタリではなくポートモレスビーなので、そこからタリに向かうのは意味がない。また、マウントハーゲン経由だと時間もお金もかかりすぎる。しかたなく、翌日のポートモレスビー行きの便を予約し、明日になってからその後のことを考えることにした。臨時便で到着した人たちはすでに飛行場を去り、カウンターは次の便まで閉鎖されることになっていた。その日の宿は決めていなかったが、カウンターの職員が親切にも、キウンガゲストハウスまでトラックで送ってくれるという。他に宿はないらしい。言葉に甘えて、六年ぶりにキウンガゲストハウスに向かった。前回は、一番安いエアコンなしの狭い部屋に耐えられず、みんなでエアコンと窓のある部屋に泊まったが、今回はエアコン付きだが窓のない部屋にチェックインした。キウンガは治安のいい町なので、荷物を部屋に置いた後、歩いて州政府地域事務所に顔を出し、お礼の挨拶と私宛に届いた手紙を受け取った。また、山内君宛に、ノマッドで起こったことの顛末とタリに行けなくなったということ、そしてタリに置いてきた荷物を持ってきてほしいという内容の手紙を書いて投かんした。また、ドブトラベルに電話をして、とりあえず翌日の宿泊を予約した。前回といい、今回といい、ノマッドを脱出する時にはなぜこんなにトラブルに巻きこまれるのだろうかと思った。ロンリープラネットという一人旅のガイドブックのパプアニューギニア編には、ノマッドについて、もっともアクセスが困難な場所の一つという記述があったが、私の場合、行きは何とかなるものの、帰るのが困難な場所だった。ちなみに、二〇〇三年にシウハマソンを訪れた時に確認したが、強盗団は来なかったということだった。

翌日は一一時にキウンガを出発して一三時にポートモレスビーのジャクソン空港に到着した。予定よりも一〇日以上早くポートモレスビーに戻ってきてしまった。ドブトラベルのゲストハウスにチェックインして、従業員でゲストハウスの管理人もしているジュリアンに今後のことを相談した。一九八八年の調査の他に、後述する一九九〇年の西部州キワイ集団の調査の時にもドブトラベルのゲストハウスに泊まり、国内線のチケットの手配をお願いしていたので、ジュリアンとは顔見知りだった。

衣類や靴などの荷物を取りに行くためだけにタリに行くのは採算が合わない。そもそも、強盗団の本拠地である。本隊が調査をしている北部のマヌス島にでも行ってみようかとも考えた。一週間くらい滞在し、本隊と一緒に九月一一日ころにポートモレスビーに戻ってくればよい。ジュリアンに予約を入れてもらったが、運賃はかなり高かった。これまでも想定外の出費が重なり、手元の調査費が心もとなくなっていた。結局マヌス行きはキャンセルし、ポートモレスビーに二週間ほど滞在することにした。滞在中はもっぱら大学に出かけて図書館を利用したり、近くにある国立パプアニューギニア研究所に顔を出したりして過ごした。一一日に、稲岡さんたち本隊と合流した後は、関係機関への挨拶などをして、一四日にシンガポール経由で成田に帰国した。

2……二〇〇三年

三度目にシウハマソンを訪問したのは二〇〇三年だった。この時は、一九八八年の調査でご一緒した口蔵さんと一緒にシウハマソンで調査を行なった。二〇〇二年から国営のニューギニア航空が成田からポートモレスビーへの直行便を週一回運航していたので、ジャクソン空港まではその便を利用した。

この年は、ミルンベイ航空という民間の会社がポートモレスビーから地方の小さな飛行場をいくつも経由して中核都市へ向かう便を運航していた。口蔵さんと私は、西部州の州都ダルー（一九五頁の図5―1参照）、フライ川西岸のバリモ、そこから西に約二〇キロメートルのアワバを経由しノマッドへ寄り、キウンガへ向かう便に乗ることにした。運航は週一便だった。ジャクソン空港の近くのホテルに泊まり、調査前の手続きと、帰りのドブトラベルゲストハウスの予約をして、二日後にノマッドに向かった。

飛行機は小型でトイレの設備がなく、途中で経由する飛行場も小さな小屋しかないことが多く、用を足すのに苦労した。バリモからは、前回ノマッドでお世話になったモゼス氏が数人の役人とともに乗り込んできた。モゼス氏はバリモの州政府支所長に栄転しており、ノマッドへ部下を連れて出張するところだった。そこから、湿地帯のアワバを経由しポートモレスビーからノマッドまで数時間で到着した。ノマッドのエアストリップには、モゼス氏を出迎えに周辺の人びとが集まっていた。モゼス氏に続いてわれわれも飛行機を降りると、出迎えの人びとの中にシウハマソンやギウォビの人びとの姿もあった。

モゼス氏の出張の目的は、ノマッド周辺でも木材の伐採を行いたいと考えている州政府の方針の説明だった。ノマッドに着いてからすぐに、モゼス氏は集まった人びとに話かけた。バリモは木材伐採により、道路やインフラが整備され、人口も増えていた。しかし、いずれ伐採可能な森林が少なくなる。そこで、ほぼ手つかずのノマッド周辺の熱帯林に目をつけたらしい。これまで、道路網が整備されていなかったノマッド周辺地域に道路を建設することで、他地域との交流も盛んになり経済も活性化するというのが州政府の考え方のようだった。

写真5-3　モゼス氏の話を聞くノマッド周辺の人びと

しかし、クボなど周辺の集団は熱帯林から生活の糧を得ている。補償金が出るとはいえ、生活環境が破壊されればここで暮らしていくことが難しくなることは明らかだ。人びとの反応も賛成、反対が拮抗しているようだった。グーグルアースなどを見ると、二〇二〇年現在では、ノマッド周辺の森林が伐採されている様子はない。二〇〇三年以降はノマッドを訪れていないので、住民の反対で伐採計画がとん挫したのか、ノマッドの南に広がる広大な湿地帯を通す道路の建設が困難なため計画を中止したのかはわからない。ただ、バリモ周辺ではかなりの森林が消失した様子が見て取れる。

モゼス氏らがキウンガからの戻りの便でバリモに帰った後、集まっていたシウハマソンの人びとに次からつぎへとあいさつの握手を求められた。どうやら、前回の訪問のすぐ後に日本で起こった阪神淡路大震災のニュースを誰かがラジオで聞き、私も被災して死んだという話になっていたようだった。死んだはずの私があらわれて、驚いたらしい。政府の出張所に挨拶に行き、また空き家を借りることにした。ポートモレスビーまで直接行けるようにはなったが、出張所は活気がなく、所長職は空席で役人の数も減っていた。ちなみに、ポートモレスビーから直接ノマッドにやって来たのは、我われがはじめてだった。

今回は週一便のポートモレスビー行きの便に合わせ、シウハマソンに二週間、その前後にノマッドで合わせて一週間滞在する予定だった。空き家に着いて荷物を整理している時にも、人びとが訪ねてきて、シウハマソンで九年間に誰が亡くなったかなどを教えてもらった。第4章の3節でも触れたが、クボの親族関係などについてくわしく話をしてくれたベドグニ老や、その息子で、次回の調査のアシスタントになることを約束していたオソサヤも亡くなっていた。翌日には、私がノマッドに来たという話を聞いたキマダから、今回もアシスタントになりたいというメッセージが届いた。オソサヤが亡くなったのなら、キマダに頼むしかないと私も思っていた。

当初は、私がシウハマソンに、口蔵さんがギウォビに滞在する予定だったが、口蔵さんの体調に不安があったため、二人ともシウハマソンに滞在することにした。集会に集まっていた人びとの中からポーターを決め、三日後には集会から集落へ戻る人たちと一緒にシウハマソンに向かった。一九九四年にはヒルに悩まされたので、写真5―4のように、地下足袋と脚絆のうえから、サージカルテープをぐるぐる巻いてヒルの侵入を防いだのだが、シウハマソンに着くまで一度もヒルに出会わなかった。一九九九年にこの地域一帯が大干ばつに見舞われ、ヒルもいなくなったのだという。その時は小川の水が干上がりサゴデンプンを作ることができず、畑のバ

写真5-4　ノマッドのクボコーナーから人びととシウハマソンへ（口蔵さん撮影）

ナナも枯れて大変な食糧難になったらしい。州政府はヘリコプターで救援物資を各集落に投下したという。ヒルに血を吸われなかったのはよかったが、あまりにきつくテープを巻きすぎたせいで、地下足袋の中で両足の親指が固定されてしまい、途中から痛みを感じるようになった。シウハマソンに着いて地下足袋を脱ぐと、親指の爪が黒く変色し、はがれそうになっていた。結局、爪ははがれなかったが、現在でも巻き爪のような状態になっている。

今回は建てたばかりのレストハウスを借りることにした。場所はヤリブにあり、新婚のキマダの家の真向かいにある。呼べばすぐにキマダが駆けつけてくれる。シウハマソンでの滞在は二週間と限られていたので、私は当時作成中の博士論文の補足調査、口蔵さんはバナナの品種同定（口蔵、須田二〇一一）を主な目的とした。前述のように、SDAの信者は半分ほどに減っていたが、教会は新しくなっていた。

若者の中には、キウンガや木材伐採が行われてい

写真5-5　新しいSDAの教会

る西部州東部のカムシに出て働く者もあらわれた。また、高校に進学した子供と一緒にキウンガに移り、そこで暮らす家族も二世帯あった。クボと外部の社会とのかかわりは少しずつ変わっていくのかもしれない。グバの息子のジョンはドクターボーイになり、キウンガ近郊で働いているということだった。

二週間はあっという間に過ぎた。ノマッドに戻る前日には、親しい人びとが簡単な送別会を開いてくれた。今回はロングハウス型の家屋の中で食べ物を持ち寄り、参加者全員で共に食べた。お世話になった方々に荷物を残し、ノマッドに戻った。残念だったのは、滞在が短かったため、人びとと全員とじゅうぶんなコミュニケーションが取れなかったことだ。帰る日の前に、今回はお前になにもしてやれなかったので、お前から物をもらうわけにはいかない、とわざわざ言いに来てくれた人もいた。ノマッドに戻ってからの心配は帰りの飛行機だった。これまでは、二回ともトラブルに見舞われていた。いざとなったら飛行機をチャーターすることも考えたが、それも杞憂に終わり、ノマッド到着の三週間後には往路と同じ飛行場を経由して、はじめて予定通りポートモレスビーに戻ることができた。

3　海の民キワイ

一九八八年にクボの住むニューギニアの森からはじまった私の海外調査は、その後、同じくパプアニューギニア西部州沿岸のキワイ集団、インドネシアのセラム島と西ジャワ州、マレーシアのマレー人と先住民オランアスリ、リモートオセアニアのトンガ王国へと広がった。生態人類学者、あるいは文化人類学者の中には、同じ集団を長期にわたって調査研究する方も多いが、私の場合は、オセアニアと東南アジアのいくつかの集団を三〇数年かけて渡り歩いてきた。マレーシアやトンガのように何度も同じ場所で調査をしたこともあるし、一度きりの訪問に終わったこともあった。複数の調査地を研究する場合、同一のテーマで異なる地域や社会を比較するのが望ましい。私の場合は、まずは対象集団の資源利用に着目し、そこから対象集団の日常生活をできるだけ理解しようとすること、そしてそれぞれの集団の資源利用の特徴を手がかりに、その社会を読み解いていくことである。これは、ニューギニアの森でクボの調査を行なったときから変わっていない。複数回訪れたところでは、経済開発やグローバル化の影響で社会が変化していく様子にも気づかされた。

本節では、その後の調査の中から、同じパプアニューギニアのキワイでの調査の一部を紹介し、クボとの比較を試みたい。キワイでは一九九〇年に調査を行なった。じつは一九九二年にもう一度出かけるつもりでいたが、事情によってかなわなかった。クボの調査のように、二度目の調査で初めてわかることも多いのだが、それができなかったことは残念に思っている。以下では、まず資源利用についての概略を紹介し、次に時間配分と食物摂取から貨幣経済の浸透とニューギニアの森と海の世界について比較してみたい。

1……調査地マワタ村

約二万人のキワイ語を話す人びとは、パプアニューギニア最長のフライ川河口デルタ付近を中心に生活をしている。このうち、フライ川西岸からトレス海峡に面する海岸沿いに、漁撈活動を主たる生業とする約二千人の人びとが一〇の村に分かれて暮らしている。私が一九九〇年に調査をしたマワタ村は、西部州の州都ダルーの西約三五キロメートル、ビナトゥリ川河口から一〇〇メートルほど内陸に位置する、一七世帯、人口一一八人の、キワイとしては比較的小規模な村である(図5―1)。この時の調査には、一九八八年の調査隊でご一緒した秋道さんが代表者の調査チームのメンバーとして参加した。私の他に、関西学院大学の田和正孝さんがダルーの対岸のカタタイ村を調査された(田和 一九九五)。

さて、この地域の内陸部には、ビネやギズラ、それに大塚さんたちが長く調査を行っているギデラなどの言語集団が住んでいるが、キワイ以外の人びとは「陸の民」と考えられており(松本 一九八〇)、キワイのみが海での漁撈活動を行う権利を持っているとされる。じっさい、マワタ村から内陸に一〇分ほど歩くと、ビネの村

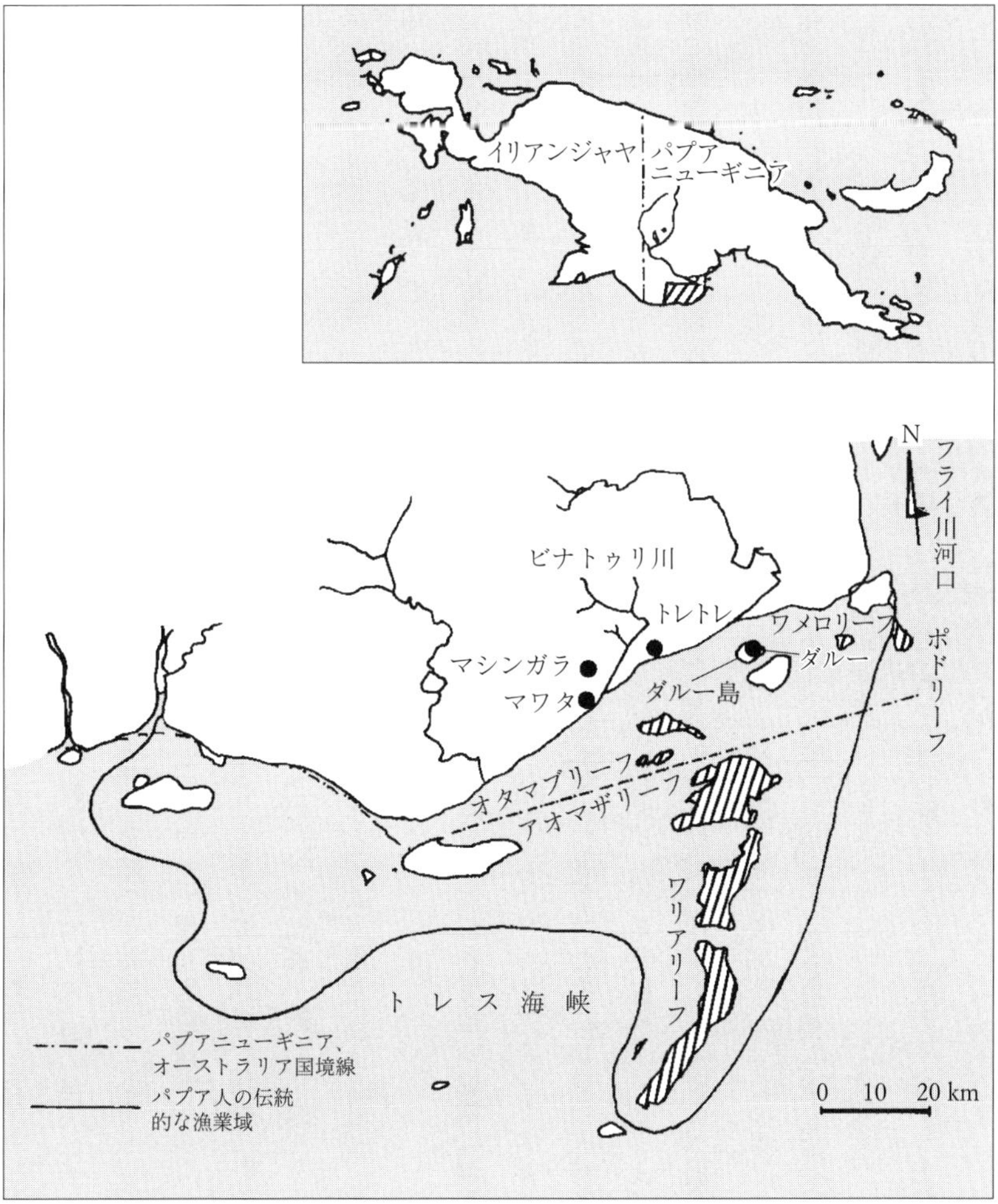

図5-1　マワタ村周辺の地図

マシンガラがあるが、マシンガラの村びとは、マワタ村に許可を得なければ、海岸やリーフ（サンゴ礁）で漁撈活動を行うことはできない。いっぽう、キワイの人びとは航海術にたけた「海の民」であると自称していて、近海だけではなく、時には遠くオーストラリア領のトレス諸島まででかけることもある。

マワタ村は、ニューギニア島の中でも比較的早くからヨーロッパ文化との接触がみられたところで、村にはイギリス国教会系の宣教師がはじめて上陸した場所であることを示す記念碑が建っている。人類学調査も何度か行われており、イギリスのラントマンが一九一〇年から約二年間調査を行い、儀礼を中心とした詳細な民族誌を著している。また、一九七〇年代後半には、松本博之さん（奈良女子大学名誉教授）がトレス諸島調査の一環として調査を行った。

マワタ村の人びとのなかには、一九六〇年代から植民地政府に雇われて他の地域に働きに出る者や、州都ダルーや首都ポートモレスビーへ移住して職につく者もいた。さらに、オーストラリア領のトレス諸島に出稼ぎに行くことも多く、そこで市民権を得て定住するようになった者もいた。これらの人びとが村に持ち帰ったり、送金によって村に入ってきた現金によって、村びとは比較的早くから貨幣経済に親しんでいた。ただし、村の中での現金収入源は限られていたので、それまで現金を得ていたのは村の外で働く成員がいる世帯に限られていた。ところが、一九九〇年七月に、後述するナマコ漁が始まってから、ほとんどすべての村びとにかなりの頻度で現金が行き渡るようになった。このことによってマワタ村の社会は揺らぎを見せることになった（須田一九九五c）。貨幣経済の浸透の度合いは、クボとはまったく異なっていた。この点については、後で検討したい。また、シウハマソンの調査と同様に、マワタ村でも時間利用と食物摂取のデータを収集した。これらについて、森と海、貨幣経済の浸透度の違いに着目しながら比較したい。

私がマワタ村に到着した時には、ナマコの仲買人の中国人と間違えられた。私は日本人で、しばらくこの村で暮らしたいというと、マワタ村にも日本人がいるから、彼に頼れと教えられたのがジャパニだった。もちろん日本人ではなくキワイ人だったのだが、のちにあだ名の由来を聞くと、当時エコノミックアニマルとして悪名が高かった日本のビジネスマンにあやかったものだった。目先の金もうけに精を出しちょこまか動き回ること、また、それが首尾一貫したものでないことを揶揄してつけられたものだった。村の中でよろず屋を開いてみたがもうけが少なくてすぐやめたり、干しナマコの売りつけ先（仲買人）を何度も変えたりという行為があだ名の由来になっていた。ジャパニの家には彼の妻、長男夫婦とその子供、未婚の四人の子供の他に居候の四人家族の、計一三人が住んでいたため手狭であり、私は隣家のジャパニの長女夫婦の家に居候した。家族は夫婦と子供三人であり、私は一部屋を使わせてもらった。夫のジョーは西部州ではなく、フライ川の東の湾岸州の出身で、タルーで働いていた時に妻と知り合ったということだった。

マワタ村には年齢階梯制があり、男性と女性それぞれを六つの階梯に分けていた。年齢階梯制とは、社会の成員を成年式や婚姻などの区切りごとにいくつかの階梯（段階）に区分し、各年齢階梯に固有の役割が付与されている体系のことである。まず、大人の世話を受けなければならない乳児は、男女それぞれソボオシオブロ、ソボベヘレブロと呼ばれる。次に、離乳後の幼児はそれぞれ、アウオオシオブロ、アウオベヘレブロになる。思春期の男女はそれぞれ、アウオオヒオ、オリオベヘレと呼ばれ、徐々に生産活動に参加していく。婚姻後の男女はそれぞれ、オリオドゥブ、オリオオロボの階梯に入り、ようやく一人前とみなされる。孫ができるころになるとノゲレブロ（男性）、アベレブロ（女性）と呼ばれ、とくにノゲレブロは成年式などの儀礼や、村全体の意思決定の際に重要な役割を演じる。さらに加齢が進むと、高齢を意味する接頭語「タガラ」がつき、それぞ

表5-1　年齢階梯ごとの人数

男性		女性	
タガラノゲレブロ	3	タガラアベレブロ	4
ノゲレブロ	9	アベレブロ	8
オリオドゥブ	15	オリオオロボ	16
アウオオヒオ	8	オリオベヘレ	7
アウオオシオブロ	10	アウオベヘレブロ	9
ソボオシオブロ	13	ソボベヘレブロ	16
合計	58	合計	60

れ、タガラノゲレブロ、タガラアベレブロと呼ばれるようになる。キワイの社会には男性優位の原理が働いており、カヌーやディンギー（船外機エンジン付きのグラスファイバー製ボート）を使用した漁撈活動、様々なレベルの意思決定などは、男性のみが行うものとされていた。その中でも、年長者であるノゲレブロ、タガラノゲレブロの果たす役割は大きく、一人前であるはずのオリオドゥブが、不承不承ながら彼らの決定に従わなければならない場面も数多く見かけた。キワイの年齢階梯制に基づく男性年長者の優位性は、ジェロントクラシーと呼んでもよいのかもしれない。

2……食物獲得活動と現金獲得活動

マワタ村の食物獲得活動は、焼畑農耕・漁撈・狩猟の三つに大別される。集落の周囲には、核家族ごとにバナナやタロを植えた焼畑があった。畑の周囲には溝を掘り、大雨になっても畑が冠水しないようにしていた。また、畑には刈り取った雑草を敷き詰め肥料としている他に、丁寧に雑草を取り除くなどの手間をかけ、耕作期間は三～四年でクボに比べて長く、休耕期間はクボの半分の一〇数年程度であった。作物が整然と植えられたキワイの畑の景観は、クボとは大きく異なっていた。バナナの畑にはピトピトやアビカなどの野菜、パイナップルやパパイヤなどの果樹も植えられていたが、量はそれほど多くはなった。焼畑からの収穫物は、内陸の人びとのようにダルーのマーケットで売

写真5-6　キワイの焼畑

写真5-7　立ち木の竹を使ったわな。野ブタが餌のココヤシの実を食べにわなに入ると、仕掛けが外れて竹が跳ね返りロープが締まる

られることはなく、もっぱら自給用として利用されていた。これは、周囲の土地の多くがビネの村マシンガラのものであり、焼畑用の土地が少ないことによるが、彼らが自分自身を「海の民」と考え、畑作りにあまり積極的ではないことも関係していた。また、畑とは別に、海岸沿いにはココヤシが植えられており、自給用の他にダルーのマーケットで売られることもあるが、現金収入源としてはそれほど重要ではなかった。

マワタ村で行われている狩猟には、わな猟、弓矢猟、散弾銃を利用した猟、追い込み猟などがあり、野ブタ、シカ、ワラビー（カンガルーに近縁な有袋類）、バンディクートなどがまれに捕獲されるが、いずれもそれほど重要な食料源になってはいなかった。一度、村の中に迷い込んできたシカを、村にいた人たちで海に追い込んで捕まえた場面に遭遇したが、シカを捕獲したのはこの時だけだった。シカは、インドネシア領の西ニューギニアで飼育されていたものが逃げ出し、野生化してパプアニューギニアに入り込んだものである。狩猟はもっぱら若者たちによって行われており、遊びの意味合いが強い活動になっていた。また、生け捕りにした野ブタの仔を檻で飼ったり、ニワトリを放し飼いにしたりといった家畜飼養も行われていたが、いずれも数は少なく、食用にされることはまれであった。ちなみに、一九九〇年の私の滞在中には二頭のブタが飼われていたが、そのうち一頭は森へ逃げ出してしまった。

なお、キワイの故郷とされるフライ川デルタ地帯に位置するキワイ島などでは、サゴヤシからデンプンを精製することが重要な食物獲得活動になっているが、マワタ村の周囲にはサゴヤシが生育する湿地がなかった。そのため、クリスマス前に隣村のマシンガラの人びとが所有するサゴヤシを購入してデンプンを作るほかは、ダルーのマーケットなどでサゴデンプンを購入していた。

いっぽう、村びとがもっとも熱心に行い、また、彼らのアイデンティティーの核になっているのが漁撈活動である。漁場は、河口・海岸・リーフの三つに分かれ、それぞれの漁場の自然環境、対象となる水産資源の生態などに応じた漁法が行われていた。以下では、漁場ごとの漁撈活動について紹介する。

【河口】

ビナトゥリ川は、低地を蛇行しながらマワタ村の近くで海に注いでいる。流れは緩く、満潮時にはわずかながら逆流することもある。ここに生息するのはナマズ、ウナギなどの淡水系の魚種や、バラマンディー（スズキ目のアカメの近縁種）などの汽水域でも生息できる魚種で、おもに手釣りで漁獲された。これらの魚はもっぱら自給用として消費されていた。

ここで漁を行うのは年長の男性と未婚の女性に限られていた。また、年長の男性が小型のシングルアウトリガーのカヌーに乗って漁を行うのに対し、若い女性は、川の水で食器を洗いがてら、川岸から釣り糸を投げ入れるという違いがあった。これは、カヌーが男の領域に属するものであることによっている。ダルーや他の村を訪れる時を除いて、漁撈活動の際に女性がカヌーに乗ることはまったくなかった。

【海岸】

海岸部で行われる漁撈活動の中心は、ビーチネットと呼ばれる刺網の一種であった。漁法はいたって簡単で、長さ三〇メートルほどの網の両端を一人ずつが持って、潮が満ちてくる時に、大人の膝くらいの深さのところを二人で一〇〇メートルほど歩き、網にかかった魚を捕まえるというものであった。この漁には、乳幼児や高齢者を除く男女が参加していた。漁獲されたのは、バラマンディーの他にツバメコノシロ、ボラ、サヨリなど

写真5-8　ビーチネット

だが、これらももっぱら自給用として消費された。また、女性によって干潮時の海岸で潮干狩りが行われることもあるが、その際に採集される貝類も自家消費されていた。河口や海岸で漁獲される魚がおもに自給用としてのみ消費されるのは、この地域のマーケットがダルーにしかなく、マワタ村からは鮮魚として出荷するのが困難なためであった。ちなみに、ダルーに近い村々では、これらの魚も販売されることが多かった。

【リーフ（サンゴ礁）】

河口や海岸と異なり、リーフで行われる漁撈活動は種類も多く漁獲される水産資源も多様であった。マワタの村びとは、村から南に約一五キロメートルにあるオタマブリーフをおもに利用していた。ここは、マワタ村の東にあるキワイの村であるトレトレの村びとも利用していた。リーフまでは、帆をつけた大型のダブルアウトリガーカヌーの場合、順風なら三〜四時間ほど、逆風の場合はタッキングを繰り返しジグザグに進むため、順風の時の倍以上の時間がかかった。いっぽう、船外機を付けたディンギーの場合には三〇分ほどでオタマブリーフに到着した。ほとんどの漁は日帰りで行われたが、後述のモリ漁では、カヌーに泊まることもあった。ちなみに大型ダブルアウトリガーカヌーはキワイ語で「モトモト」というが、「モト」は本来「家」を意味している。

リーフでは調査時に四種類の漁撈活動が行なわれていた。そのうちの一つは、数年前に始まったニシキエビ(大型のイセエビの仲間)漁で、水深五メートルほどのリーフで、素潜りでニシキエビを捕らえていた。作業が過酷なためか、この漁に従事するのは一〇代後半から三〇代前半の男性に限られていた。通常は二、三名のグループで出漁し、リーフまではディンギーが使われた。漁獲したニシキエビはそのままダルーの水産加工会社に持ち込まれて販売され、売上金はメンバーで均等に分配された。ニシキエビは、冷凍後にオーストラリアに出荷されるということだった。この漁は一度にかなりの収入を得ることが可能だが、従事している人数は少なかった。また、参加者が青壮年男性に限られるため、村全体への経済的な影響はそれほど大きくはなかった。

頻繁に行われるものではないが、リーフでの自給用の漁撈活動に魚毒漁があった。干潮時にリーフにできた水たまり(タイドプール)に、麻痺性の毒を含むデリス科の木の根を石で叩いて樹液を流し、浮いてきた魚を拾い集めるもので、オセアニアでひろく知られた漁法である。この漁ではハタやフエダイなどが獲れた。

少人数しか従事していなかったニシキエビ漁を除く漁撈活動がもっぱら自給のために行われるのに対し、リーフでモリを使用して捕獲されるジュゴンとウミガメは現金収入源として、また、儀礼時に欠かせない食物として利用されてきた。この二つの獲物を狙うモリ漁はほとんど同じ手順で、伝統的には七、八人の男性の集団で、ダブルアウトリガーカヌーで行われた。

写真5-9　ダブルアウトリガーカヌー

写真5-10　モリで仕留めたウミガメ

リーフに着くとモリの射手は舳先に立ち、探索役（カヌーの所有者である年長者の場合が多い）がマストに登り、息継ぎのために海面に顔を出すジュゴンやウミガメを探す。獲物を見つけると他の乗組員は静かにカヌーを操作して獲物に近づき、射手が獲物めがけてモリを持ったまま海に飛び込んで仕留める。ラントマンによると、獲物の分配に関しては射手やモリの所有者が重要な役割を演ずるということであるが（Landtman 1927）、私の調査時には出漁や分配など漁にかかわるすべての意思決定は、カヌーの所有者である年長者が行っていた。

ところが、一九八〇年代から、貨幣経済の浸透に伴って船外機エンジン付きのディンギーがモリ漁でも使用されるようになった。獲物が見つかると高速でそれを追い詰め、疲れて海面に顔を出したところを仕留めるように漁法が変わり、漁獲効率がかなり向上するようになったという。その結果、ジュゴンやウミガメの乱獲が目立つようになり、売買を目的としたディンギーによるジュゴン漁が禁止されることになった。私の調査時には、カヌーによる伝統的なモリ漁だけが認められていた。

3……ナマコ採集と加工グループの分裂、ジェロントクラシーの揺らぎ

モリ漁に代わる現金収入源として一九九〇年から始まったのが、ナマコ採集だった。キワイの村々でナマコ採集が始まったのは、未開拓の資源に目をつけたシンガポール人の仲買人がダルーにやってきて、加工法を教えながら干しナマコを買い付けるようになったのがきっかけである。彼は、ダルーに近い村を手はじめに事業を拡大していったが、それに少し遅れて、ポートモレスビーの貿易会社の代理人として地元の仲買人も買い付けに参入した。売買を目的とするモリ漁を禁じられていたキワイの人びとは、すぐにナマコ採集と干しナマコ

作りに飛びついた。その結果、キワイの村々はナマコ景気に沸き返ることになった。

マワタ村にナマコ漁が入ったのは、シンガポール人の仲買人がダルーにやってきてから半年後の、一九九〇年七月だった。私が村を訪れた八月初めは、マワタ村でのナマコ採集と干しナマコ作りの最盛期だった。キワイ語で「ピリシマイ」と呼ばれるナマコは、モリ漁が行われるリーフの砂地に生息しているが、キワイの人びとが食料として利用することはこれまでなかった。採集に特別な技術は必要なく、リーフを歩きながらナマコを見つけると手当たり次第に拾うだけなのだが、カヌーやディンギーでリーフまで行くという性格上、採集は男性のみに限られていた。

この地域で採集されるナマコは表面が固い皮で覆われているため、皮むき・ゆで上げ・乾燥といった加工作業に手間がかかる。海岸での加工作業には女性や何人かの子供も参加しており、すべての参加者に売上金が分配されるため、多くの村びとに現金収入をもたらす唯一の機会となっていた。生の状態の十分の一程度の重量にまで乾燥させた干しナマコは、仲買人によって多少の違いはあるものの、高級品（大きくて皮が残っていないもの）は一キログラムあたり七キナ（調査時の一九九〇年には一キナが約一四〇円）、中級品が五キナ、下級品が一キナで取引された。村びとが売った干しナマコの多くは下級品に分類され、私が滞在していた二か月間の村全体の売り上げは四四六九・五キナ（約六二万円）だった。

村びとは当初、ノゲレブロやタガラノゲレブロをリーダーとする四つのグループに分かれてナマコの採集と加工を行っていた。前述のように、採集には男性だけが従事していたが、この採集グループはモリ漁とほぼ同じく、血縁や婚姻関係を中心に七、八名の男性で構成されていた。海岸での加工作業にはこれらの男性の妻、未婚の子供などが参加し、その規模は各グループとも二〇名前後になっていた。各グループのリーダーは、出漁や作業、販売や売上金の分配などについての決定権を持っていた。

この四つのグループは、八月末から九月にかけてそれぞれ二、三の小グループに分裂し、最終的には村全体で一一の小グループになった。分裂のプロセスをみると、世代間・親子間（オリオドゥブとノゲレブロ・タガラノゲレブロ）の分離傾向が強いことがわかった。たとえば、私も参加したジャパニをリーダーとするグループは、長女夫婦（私の居候先）と長男夫婦が一緒にジャパニから独立し、さらに、ジャパニと親族関係にない二つの世帯のうち一つは家族だけで独立、もう一つの世帯は別のグループに由来する小グループに合流した。他のグループでも、オリオドゥブが年長者グループから独立した例が二つあった。また、分裂の過程で八人が他の雇用機会をもとめて州都ダルーに渡り、ナマコ加工から抜けた。

写真5-11　ナマコの加工作業、中央の男性が「キングコング」

分裂の原因として村びとがまずあげるのは売上金分配の不平等であった。分配額を決めるのはリーダーをはじめとする年長者たちであり、基本的には既婚者は年齢や性別にかかわらず同額、未婚者（アウオオヒオやオリオベヘレ）は既婚者の半額ということになっていた。しかし、実際にはディンギーで使うガソリン代などの経費がかかっているとして、年長者は分配額以上の現金を着服していた。

このあいまいな売上金の分配方法、いいかえれば、年長者による意思決定という年齢階梯制に基づいたシステムが、オリオドゥブに不満をもたらす原因の一つになっていた。小グループへの分裂が、分配金の少ない未婚者ではなく、既婚者であり同額の分配金を受け取っていたオリオドゥブを中心として生じていることは、このことをよくあらわしている。もともと分配金の少ない未婚者は責任感があまりなく、作業に参加しない日もあった。いっぽう、多くの場合に加工作業の中心を担うオリオドゥブは、手よりも口がよく動く年長者が意思決定を行うことに納得がいかなかったのだろう。

オリオドゥブがノゲレブロやタガラノゲレブロに対して抱いている感情は、一方で年齢階梯制に基づく尊敬すべき人生の先輩、他方で利益を独占する利己主義者という、背反する二つが入り混じったものとなっていた。ジェロントクラシーを揺るがしかねないこの複雑な感情は、年長者に対する「あだ名」によく表れていた。私の親代わりの「ジャパニ」の他にも、かつてダルーでビールを飲んで酔っ払い、白人を一撃の蹴りで倒すと豪語した「ワンキック」、酔っ払うとすぐに踊りだす「エルビス(エルビス・プレスリーに由来しているのだろう)」などがグループのリーダーだった。また、普段は温厚でおとなしいが酔うと人が変わったようになり、自分の家に火を放ち家族に暴力をふるったノゲレブロは「キングコング」と呼ばれていた。

これらの「あだ名」はダルーで見たビデオにちなんでいるらしいが、キワイ語ではなく英語が使われていること、また、その多くが飲酒にまつわるエピソードに基づいていることは、伝統と変化を考えるうえで示唆的である。本来、村の中の重要な意思決定を行い、村びとの尊敬を集めるべき年長者が、酒に酔って、いわば醜態をさらすことは、村びとにとって驚きであったろう。しかも、それは貨幣経済が浸透し、アルコール飲料が手に入るようになってからのことなのである。「あだ名」がすべて英語であるということは、そのことをよく表している。年長者に対する青壮年層の不満が古くからあったことは充分に考えられるが、それが表面に出てきたのは、おそらくそれほど古いことではない。

この不名誉な「あだ名」は、陰でこそこそ語られるのではなく、日常生活での呼びかけにもからかいの意味を込めて使われる。マワタ村で暮らし始めてしばらくは名前を覚えてもらえなかった私はしばしば「ジャパニ」と呼ばれていたのだが、それが私を指すのか父親代わりの「ジャパニ」を指すのかわからず、混乱することがよくあった。

ノゲレノロ・タガラノゲレブロが下した決定にオリオドゥブが異を唱えることはできないのだが、そのことに対する不満が、しばしば「あだ名」での呼びかけというからかいになって表れていたと考えられる。年長者も、それを知っているのか、この呼びかけに対して、その場で腹を立てるということはなかった。

4……時間利用

マワタ村の人びとが諸活動にどのように時間を配分しているのかを知るために、シウハマソンでも採用したタイムセービング・ランダムスポットチェック法でデータを集めた。調査対象は、乳幼児や小学生を除いた、生計維持活動に参加している六七人すべて（ただし、私の行動による影響を防ぐために、私の居候先の世帯の壮年男女各一名は対象から除外した）で、教会での礼拝に参加するために食物獲得活動を行わない日曜日を除き、一九九〇年九月三日から八日の六日間を調査にあてた。六時から一九時までの日中一三時間を、一時間ごとの一三のラ

表5-2　キワイの性・年齢別の各活動への配分時間(%)

活動		男性 未婚者 (n＝8)	男性 既婚者 (n＝15)	男性 年長者 (n＝10)	女性 未婚者 (n＝8)	女性 既婚者 (n＝14)	女性 年長者 (n＝12)
生計維持活動・食物獲得活動	農耕	1.0	6.2	14.6	12.5	9.9	21.2
生計維持活動・食物獲得活動	ココヤシの実採集	7.7	0.5	1.5	3.8	0.6	1.9
生計維持活動・食物獲得活動	漁撈	2.9	7.7	13.1	1.9	0.6	1.3
生計維持活動・食物獲得活動	狩猟	1.9	1.5	0.8	0.0	0.0	0.0
生計維持活動	干しナマコ加工	7.7	10.3	9.2	5.8	8.2	4.5
生計維持活動	道具製作	1.0	0.5	0.8	0.0	1.6	6.4
生計維持活動	家事	6.7	6.2	3.8	8.7	22.0	9.6
生計維持活動	調理	1.0	3.1	3.1	9.6	10.4	10.2
生計維持活動	食事	1.9	5.6	3.1	5.8	5.5	2.6
生計維持活動	衛生活動	1.0	0.5	4.6	3.8	4.4	2.6
	訪問活動	6.7	22.0	8.5	14.4	6.0	9.0
	休息	59.5	35.9	34.6	32.7	30.2	27.5
	その他	1.0	0.0	2.3	1.0	0.6	3.2

ウンドに分け、六日間で各ラウンドをそれぞれ一回ずつランダムにまわるように、乱数表を使い訪問時間を設定した。各ラウンドでは村のすべての世帯を訪問し、その時に行っていた活動を記録した。不在者については、同世帯または隣の世帯の成員に不在者の活動場所と活動内容を質問し、その場所へ行くか、後で本人に再質問するかのいずれかで記録の確認をし、合計八七一例のサンプルを得た。各個人のサンプルは、訪問時の行動および性別、さらに年齢階梯を記録した。時間利用の調査で対象としたのは、アウオオヒオ、オリオベヘレ以上の男女である。

表5―2は時間利用のデータを男女別年齢階梯別にまとめ、百分率で表したものである。リーフでの漁撈活動の場合、ナマコ採集とモリ漁などを組み合わせて行うことが多いため、漁撈活動にはナマコ採集も含めた。干しナマコ加工には、実際の加工の他に仲買人への販売も含めている。調理(食事の準備)と家事は別項目にしてあり、家事には水くみ・薪集め・薪割り・洗

濯・掃除などが含まれる。衛生には排泄・水浴びなどが、訪問には他世帯への他に他村への訪問も含まれている。その他は、日曜日以外の教会での礼拝やパーティーなど、他の項目に入らなかったものをまとめている。

男性の食物および現金獲得活動に関する時間配分を年齢階梯別にみると、未婚の若者に村を離れた陸上の活動であるココヤシの実採集、狩猟が多くなっており(それぞれ、七・七%と一・九%)、いっぽう年長者では焼畑農耕と漁撈活動が多く(それぞれ、一四・六%と一三・一%)、既婚青壮年層がほぼその中間に位置することがわかる。年長者から、近頃若者が畑作りを嫌がるようになったとしばしば聞かされたが、データからもその傾向がわかる。また、それ以外の活動では、若者で休息(五九・五%)がきわだって多く、既婚青壮年層に訪問(三五・九%)が多い。すなわち、年長者は食物獲得活動へより多くの時間を割り当てており、いっぽう若者はより娯楽性の強い活動に多くの時間を割り当てていたといえる。既婚青壮年層に社交性を帯びた訪問が多いことは、婚姻により男性の社会的役割の変化が生じていたことをうかがわせる。また、食物獲得活動には年齢により差があったが、新しい現金獲得活動である干しナマコ加工への時間配分にそれほど差がなかったこと(年齢別にそれぞれ、七・七%、一〇・三%、九・二%)にも注目したい。

いっぽう、女性の時間利用をみると、若者にココヤシの実採集が多く(三・八%)、年長者に焼畑耕作が多い(二二・二%)ことの他は、年齢による食物獲得活動の配分に大きな差は認められなかった。また、干しナマコ加工は既婚青壮年層が若干多く(八・二%)、家事も多くなっている(二二・〇%)。女性の訪問活動は若者が若干多く(年齢別にそれぞれ、一四・四%、六・〇%、九・〇%)、男性との役割の違いを示唆している。以上、女性では男件よりも年齢によって時間配分に大きな差異は認められないが、既婚青壮年層に家事の負担がかかっていたことがわかる。

表5-3　男女別の各活動への配分時間

		活動	男性（n＝33）（%）	男性（n＝33）（分）	女性（n＝34）（%）	女性（n＝34）（分）
生計維持活動	食物獲得活動	農耕	7.5	59	14.5	113
生計維持活動	食物獲得活動	ココヤシの実採集	2.5	20	1.8	14
生計維持活動	食物獲得活動	漁撈	8.2	64	1.2	9
生計維持活動	食物獲得活動	狩猟	1.4	11	0.0	0
生計維持活動		干しナマコ加工	9.4	73	6.3	49
生計維持活動		道具製作	0.7	5	2.9	23
生計維持活動		家事	5.6	44	14.5	113
生計維持活動		調理	2.6	20	10.2	80
生計維持活動		食事	3.9	30	4.5	35
生計維持活動		衛生活動	1.9	15	3.6	28
		訪問活動	14.2	111	9.1	71
		休息	41.2	321	29.8	233
		その他	0.9	7	1.6	12

表5―3は男女別にデータをまとめ、それぞれに一三時間（七八〇分）を乗じて、日中の活動時間を算出したものである。第2章の2節でも触れたが、算出された活動時間は一日の実際の継続時間ではなく、全成員の六日間の活動を平均した時間である。じっさいに一日の時間をこのように過ごした人はいない。あくまでもマワタ村の人びとの活動の平均値であるということを、あらためて指摘しておく。

時間利用の性差をみると、食物獲得活動では焼畑耕作で女性が男性のおよそ二倍になっており（一一三分：五九分）、漁撈活動と狩猟で男性が多くなっていたが（それぞれ、六四分：九分、一一分：〇分）、全体では両者にそれほど大きな差異は認められなかった（一五四分：一三六分）。食物獲得活動に関しては、全体の時間配分に差はないものの、性による役割の違いがあったことを表している。いっぽう、干しナマコ加工では男性が女性よりも若干多いが（七二分：四九分）、道具作り・家事・調理の三つを合わせた活動は女性が男性を大きく上回っており（二一六分：六九分）、世帯内労働に関しては女性に大きな負担が加わっていたことがわかる。そのため、訪問や休息は男性が女性を上回る結果になった（四三二分：三〇四分）。食物獲得活動と現金獲得活動、道具作り、家事を生存のための生計維持活動とすると、男性は三五・三％の二七六分、女性は四一・二％の三二一分となり、女性が男性よりも四五分ほど多くなっていた。

5……食物摂取

食物摂取に関する調査も、シウハマソンで行ったのと同じ方法を採用した。対象は二世帯の二〇人で、一九九〇年九月三日から九日の七日間行った。マワタ村では、人びとは一日に二〜三回の食事を摂るが、調査対象者全員の食事について、調理または食事の直前にすべての食物の重量を計測した。シウハマソンの場合と同様に、成人男性一人当たりの食物摂取量を算出するため、成人換算用の係数をあてはめ、性と年齢による食物摂取量の差異を調整した。調査対象者が泊りがけの漁などのために村を離れた場合には、その日数分だけ調査から除外した。また、調査対象者以外の人が食事に参加した場合には、食物重量を成人男性換算値で除し、その人の推定摂取量を総量から除外した。その結果、成人男性換算値として、のべ一〇二・六人日のデータを得た。

食料に含まれる各栄養素の算出には、シウハマソンの場合と同じく、パプアニューギニア西部州に住むギデラ集団で調査を行った大塚さんたちが作成した食物成分表を用いた（Ohtsuka et al. 1984）。大塚さんたちの食物成分表で同じ食物に複数の値がある場合には、その平均値を用いた。サゴデンプンは長く保存すると乾燥するた

表5-4　キワイの成人男性1人1日あたりに換算したエネルギー・栄養素摂取

食物獲得活動 食物	エネルギー（kcal） （%）	タンパク質（g） （%）	脂質（g） （%）
農耕			
バナナ	131 (5.8)	1.1 (2.2)	1.1 (3.4)
タロ	101 (4.4)	1.4 2.9	0.1 (0.3)
キャッサバ	14 (0.6)	0.2 (0.4)（キャッサバ・サツマイモ計）	0.1 (0.3)（キャッサバ・サツマイモ計）
サツマイモ	5 (0.2)		
小計	251 (11.1)	2.7 (5.5)	1.3 (4.0)
ココヤシの実採集			
ココヤシの実	294 (12.9)	3.0 (6.2)	26.6 (82.9)
野生植物の採集			
ガリプナッツ	18 (0.8)	0.2 (0.4)	1.1 (3.4)
狩猟			
ワラビー	6 (0.2)	1.3 (2.7)	0.1 (0.3)（ワラビー・ニシキヘビ計）
ニシキヘビ	1 (0.1)	0.2 (0.4)	
小計	7 (0.3)	1.5 (3.1)	0.1 (0.3)
漁撈			
ナマズ	20 (0.9)	3.5 (7.2)	0.5 (1.6)（ナマズ・ツバメコノシロほか小魚計）
ツバメコノシロほか小魚	12 (0.5)	2.2 (4.5)	
マングローブガニ	5 (0.2)	1.3 (2.79（マングローブガニ・オオシジミ計）	0.1 (0.3)（マングローブガニ・オオシジミ計）
オオシジミ	2 (0.1)		
小計	39 (1.7)	7.0 (14.4)	0.6 (1.9)
食物獲得活動小計	609 (26.7)	14.4 (29.6)	29.7 (92.5)

（続く）

購入植物性食物			
サゴデンプン	583 (25.5)	1.0 (2.1)	n.a.
米	729 (31.9)	11.9 (24.5)	1.1 (3.1)
小麦	200 (8.8)	6.0 (12.3)	0.6 (1.9)
砂糖	75 (3.3)	n.a.	n.a.
ビスケット	20 (0.9)	0.5 (1.0)	0.2 (0.6)
小計	1,617 (70.4)	19.4 (39.9)	1.8 (5.6)
購入動物性食物			
野ブタ	60 (2.6)	13.2 (27.2)	0.5 (1.6)
ワラビー	7 (0.3)	1.6 (3.3)	0.1 (0.3)
小計	67 (2.9)	14.8 (30.5)	0.6 (1.9)
購入食物小計	1,674 (73.3)	34.2 (70.4)	2.4 (7.5)
合計	2,283 (100.0)	48.6 (100.0)	32.1 (100.0)

表5-5　伝統的食物と移入食物別の成人男性1人1日あたりに換算したエネルギー・栄養素摂取量の比較

食物名	エネルギー(kcal) (%)	タンパク質(g) (%)	脂質(g) (%)
伝統的食物	1,214 (53.2)	30.2 (62.1)	30.3 (94.4)
移入食物	1,069 (46.8)	18.4 (37.9)	1.8 (5.6)
合計	2,283 (100.0)	48.6 (100.0)	32.1 (100.0)

め含有水分量が大きく変化する。調査期間中に摂取されたサゴデンプンは、他村で作られたものを購入したため保存期間がわからなかったが、精製後二〇日間と推定し、含有水分量を三〇%とした。また、その食物成分表に記載されていない食物については、パプアニューギニアの食物を対象とした他の利用可能な食物成分表を用いた（FAO/USDHEW 1972; Norgan et al. 1979）。

表5—4は、マワタ村の成人男性に換算した一人一日あたりの食物摂取のデータをまとめたものである。全体ではエネルギー摂取量が二二八三キロカロリー、タンパク質摂取量が四八・六グラム、脂質摂取量が三二・一グラムであった。FAO/WHOが提示しているアジア・オセアニア地域の成人男性一人一日（体重を五五キログラムと仮定）あたりの基準値は、エネルギーが二五三〇キロカロリー、タンパク質が三二・〇グラムであり（FAO/WHO 1973）、タンパク質は必要量を超えているが、エネルギーは一割程度下回っていた。ただし、体重や活動の性質などを勘案すると、エネルギー不足はそれほど深刻な状況ではなかったと思われる。

食物の内訳をみると、食物獲得活動で得た自給の食物は、エネルギーが六〇九キロカロリー（二六・七%）、タンパク質が一四・四グラム（二九・六%）で、ともに全体の三割以下の貢献に過ぎなかった。脂質に関しては、ココヤシだけで全体の八割以上（二六・六グラム）を占めるため、自給の食物全体で九割以上（二九・七グラム）になっていた。また、海岸沿いに立地しているにもかかわらず、漁撈活動で得た食物が占める割合が低いのは、当時、人びとが自給用の漁撈活動よりも干しナマコの採集と加工を重視していたことを表している。エネルギー源及びタンパク源として七割以上を占める購入食物は、動物性食物より植物性食物の方が多く、サゴデンプンと米がその中心を占めていた。購入食物のうちサゴデンプンはキワイ島民が売りに来たものを、また野ブタとワラビーはいずれも隣村のマシンガラの人びとが捕らえたものを購入した。

表5—5は、摂取した食物を自給／購入ではなく、伝統的／移入の別でまとめたものである。ここでは、購入食物のうちサゴデンプン、野ブタ、ワラビーを伝統的食物に含めている。これをみると、エネルギー、タンパク質ともに伝統的食物が上回っていた（それぞれ、五三・二％、六一・一％）ことがわかる。このことは、購入食物に占める伝統的食物の割合が高かったこと、つまり、伝統的食物も販売／購入の対象になっていたことを示している。このデータによると、貨幣経済の浸透による食生活の変化が、単に食物構成の変化だけではなく、食物の入手方法を含むものであったことがわかる。

第6章

森の時間、海の空間

クボとキワイの違いは、まずは、内陸熱帯雨林と沿岸という生活環境によるものである。ニューギニアでは、大河や山脈、湿地帯などに妨げられて道路網が発達していないため、内陸や高地よりも沿岸部の方が、欧米からの探検家や植民地政府、宣教師などとの接触が早くからはじまった。キワイのマワタ村では、一九世紀後半には宣教師がキリスト教の布教を始めている。クボでは、それからおよそ百年たってからようやく植民地政府とのかかわりが始まった。キワイは州都ダルーにも近く、早くから西洋文化との接触が行われていた。また、伝統的にトレス諸島との行き来もあり、なかにはトレス諸島に移住してオーストラリア国民になる者もいた。当然、貨幣経済の浸透も早かった。

これまで、マワタ村の中には現金を得る手段はあまりなかったが、ダルーやポートモレスビーなどに移住した親族から送金を受け取ることはあった。また、それらの場所に一時的に居住して現金を手に入れることもできたし、時にはトレス諸島に出稼ぎに行く者もいた。しかし、それらはほぼ男性に限られており、女性が現金を獲得する手段は少なかった。そこに、ナマコ漁と干しナマコ加工が入ってきたことにより、村びと全員に現金を手に入れる機会が訪れたのである。

1 貨幣経済の浸透

クボとキワイの違いの一つは、貨幣経済の浸透の影響だった。本節では、マワタ村の日常生活における貨幣経済の影響について、クボと比較しながら見ていきたい。マワタ村もシウハマソン同様、水道も電気もない集落であった。また、トイレはなく、村びとはビナトゥリ川河口近くのマングローブの中で用をたしていた。しかし、キワイにおける貨幣経済の浸透は日常生活にも及んでいた。クボの生活は交換と分配によって成り立っていたが、キワイのそれは貨幣を媒介にしたものであることが多かった。現金を使うことがほとんどないクボの生活になじんでいた私は、そのことにしばしば戸惑いを感じた。ある日の午後、一人の主婦が「パンを作ったよ！」と大声で村中に知らせた。その家に行ってみると、美味しそうなパンが並べられていた。当然みんなに分配するのだろうと思ったのだが、一個数十トエアの値段がついていた。ダルーで仕入れてきた小麦粉とイーストで作られたパンは、村の中で売るためのものだった。

こんなこともあった。私は、食物摂取の調査に協力してくれた人や、インタビューに応じてくれた人へのプレゼントとして、クボの調査と同様にブラックタバコを持ってきていた。協力してくれるたびに古新聞に包んで渡していたのだが、アシスタントも兼ねていた居候先の主人のジョーから、あまり気前よく分けないようにとくぎを刺された。ブラックタバコは私が購入した所有物であり、意味なく分け与えるべきではないというのだ。まさに、市場経済の論理であった。当時はマワタ村にはよろず屋はなく、喫煙者は隣のマシンガラ村でブラックタバコを買っていた。ある日、マシンガラのよろず屋の在庫が切れてしまったことがあった。すると、私がブラックタバコを持っていることをマワタ村の誰かに聞いたのか、マシンガラの若者がタバコを買いに来た。一度は売り物ではないと断ったのだが、タバコが吸えないつらさはよくわかるので、無料で少し分けてやろうと思った。しかし、ジョーから売るように強く勧められ、結局よろず屋の値段（一本五〇トエヤ、約七〇円）で売ることにした。その後も、タバコを買いに来る客が訪れ、マシンガラのよろず屋にタバコが入荷するまでの二日間で六本を売り上げた。

村びとがナマコ加工作業をしている時には、私もナマコの皮むきを手伝った。前述のように、干しナマコ作りはノゲレブロとタガラノゲレブロをリーダーとして四つのグループで行われていたが、私はマワタ村で私の父親とされたジャパニのグループに所属することになった。そして、分裂の際には、私も居候先のジョー夫婦とジャパニの長男夫婦が作った小グループに所属することになった。ジャパニのグループで作業していた時と、小グループに分かれた後の二回、私は売上金の分配として一〇キナずつもらった。私は参与観察のつもりで作業に加わっていたのだが、マワタ村の人びとにとっては、私も経済活動に参加していたとみなされたのだろう。もらった二〇キナとタバコの売り上げの三キナは、村を去る時にジョーに手渡した。

前述のように、マワタ村の人びとに広く現金が行きわたるようになったのは、干しナマコ作りがはじまってからである。それ以前は、現金を入手する手段をもっていたのはほとんどが男性だった。そして、それをどう使うのかも男性が決めていた。日常生活にはそれほど現金が必要なわけではない。それぞれの世帯は畑を持っているし、海で魚を獲ることもできる。出稼ぎなどでまとまった現金を手に入れた場合には、グラスファイバー製のボートや船外機エンジンを購入することもあったが、もっとも多い使い道はダルーでビールを買うことだった。買ったビールは村に持ち帰ることもあった。そして、そのビールは購入した者が自分だけで飲んでしまうことが多かった。日本でよくあるように、大勢で酒盛りをするという習慣はなかった。そもそも、アルコールを飲む習慣は貨幣経済の浸透にともなってはじまったものであり、キワイには飲酒文化のようなものはなかったのである。そして、大量にビールを飲んで酔っ払い、いさかいを起こすこともしばしばみられた。夜中に酔っ払って大声で騒いだり、アルコールが原因で派手な夫婦喧嘩を起こしたりした場面に何度か遭遇した。

ある日の夕方、数か月前にトレス諸島への出稼ぎから帰って来た四〇代男性の家を、出稼ぎについてインタビューするために訪れたことがあった。ちょうど男性の家族は別の村を訪問していて、家には彼だけが残っていた。入口のはしごを登って部屋に入ると、彼は段ボール箱からビールを次々と取り出して飲んでいるところだった。徐々に酔いが回ってきた様子だったので、インタビューを早々に切り上げて帰って来た。男性はその後もビールがなくなるまで飲み続けていたらしい。夜中に村の真ん中で大声をあげて誰かをののしっていた。この時は誰も相手にしなかったが、マワタ村では飲酒をめぐって暴力沙汰になることもしばしばあった。

アルコールはビールだけではなかった。燃料用のメチルアルコールも飲まれていた。もちろん身体にはよくないし失明の恐れもあるが、ビールよりも安かったのでこれを飲む者も少なからずいた。また、ココヤシの花柄の先端を切って樹液を集め、自然発酵させるヤシ酒を密造する者もいた。ある日の夕方、水浴びを終えて家の入口で涼んでいると、まだ若い夫婦がブッシュナイフ（大型のなた）とモリを持ち出して派手な喧嘩を始めた。この時は村びと全員が家から出てきて、そのうちの何人かが仲裁に入って何とかおさまった。喧嘩の原因は、夫がメチルアルコールを飲んでいることに、妻が怒ったことだった。

ヤシ酒を飲んで酔っ払って錯乱状態になるオリオドゥブの男性もいた。午後から飲みはじめ、夕方六時頃に突然、自分の家を壊し始めたのだ。この時も村びと総出で遠巻きに見ていたが、一、二時間ほどで酔いがさめたのか半分壊れた家に黙って入っていった。彼は翌日から一人で家の修理をはじめた。それから半月ほどして、彼は再び酔って錯乱し、妻を追いかけ始めた。仲裁に入った妻の兄にブッシュナイフで切りつけ、手のひらに大けがを負わせた。錯乱した男は、自分の娘を人質に取り、家の中に隠れてしまった。今度はけが人も出たので、村は大騒ぎになった。全員が家の周りを取り囲み、罵声を浴びせた。二時間半ほど騒いでいたが、男が出てくる気配がないので、村びとは三々五々帰っていった。翌朝、多くの村びとが浜で対応を話し合っている間に、男は林の中に逃げていった。二、三日たってから男はこっそり帰って来た。

クボの人びとはアルコールを飲むことはないし、強い感情を表すことが滅多になかったので、アルコールが原因のキワイの騒動には驚いた。しかし、パプアニューギニアの多くの地域では、それなりに貨幣経済が浸透しており、ビールを中心としたアルコール飲料も珍しいものではなくなっている。また、酔っ払って暴力沙汰を起こすこともよく起こっている。都会の労働者の中には、隔週金曜日に支払われる給料を家庭に入れず、その日のうちにアルコールの購入で使い切ってしまう人が多いという話を聞いたことがある。そのため、州によっては酒類の販売を平日に限定したり、販売そのものを禁止したりしているところもある。クボの暮らす森には、貨幣経済の良い面も悪い面もまだ届いていないのだろう。

2　時間利用の比較

これまで、熱帯雨林に暮らすクボ、沿岸部に暮らすキワイを森と海という視点から比較してきた。本節と次節では、比較の対象を少し広げてみたい。パプアニューギニアにおける生態人類学（人類生態学）の研究は、一九七一年の大塚さんが行った熱帯モンスーン林に暮らすギデラ調査が嚆矢である。その後、一九八〇年代にはギデラの複数の集落や、高地周縁部の山地オク、そして、クボとサモへと拡大してきた。これらの集団はいずれも西部州に属している。その後、一九九〇年代からは、高地のいくつかの州や島嶼部のマヌス州などに調査地を広げてきた。それぞれの調査者の関心に応じ、これらの調査研究のテーマは多様になっている。しかし、集団の基本的生活を明らかにすることを基礎として、彼らの生存戦略を解き明かすという方法は共通していると思われる。とくに、一九九〇年までの調査では、どのような活動にどれだけの時間を費やしているか、その結果、どのような食物をどのくらい食べているのか、に関するデータの収集を足掛かりにして、各集団の生存戦略を明らかにすることを基本にしていた。本節と次節では、熱帯雨林のシウハマソンと沿岸部のマワタの比較に加えて、いずれも西部州の、熱帯モンスーン林に暮らすギデラ、多雨で急峻な山岳地帯である高地周縁部で暮らす山地オク、という異なる環境の四つ集団の基礎的データを比較することにより、生存戦略の基本を考えたい。

まず、クボとキワイの時間利用を比較してみよう。表2―1（六九頁）と表5―2（二一〇頁）を比較していただきたい。表2―1ではクボのデータを青年と成人に分けているが、ここではサンプル数の多い成人男女とキワイの男女を比較したい。訪問や休息、宗教活動、その他以外の活動を、生きていくために必要な生計維持活動とすると、クボの成人男性では四八・九％、女性では五九・四％がそれにあたる。いっぽう、キワイの男性は四三・七％、女性は五九・五％であり、両者は近似している。女性が男性を上回っていたことも同じ傾向であり、数値の違いはわずかであった。つまり、平均すれば男性は日中の一三時間のうち六時間程度を、女性は八時間程度を生計維持活動にあてていたということになる。ただし、クボの男女差は女性によるサゴデンプン作りと採集活動への時間配分が多いことによっていたのに対し、キワイでは女性が家事や調理に多くの時間をあてていたことによる。クボでは食物獲得活動の性差が大きかったのに対し、キワイでは家事の性差が大きかったことがその原因である。環境や食物獲得活動、貨幣経済の浸透度の違いにもかかわらず、生計維持活動に割りあてる二つの集団の時間配分がほぼ同じであったことは予想外の結果だった。食物獲得活動に加えて、干しナマコ加工を行っていたキワイでは、生計維持活動にクボよりも多くの時間を使っていたと考えていたからだ。この点は、他の集団との比較で確かめたい。なお、キワイの時間利用調査では、教会での礼拝が行われる日曜日を除外したため、宗教活動が少なくなっていた。

次に、クボとキワイの時間利用を、ギデラの四集落、山地オクの二集落と比較してみたい。大塚さんたちは、一九八一年にキワイの居住地に近いギデラの四つの村について、村からの出発と帰着の時間に基づいた定点観測法による時間利用調査を行っていた（Ohtsuka and Suzuki 1990）。四つの村は、環境や立地条件、州都ダルーへの距離による社会環境は異なっているが、食物獲得活動の中心はいずれも狩猟・漁撈・焼畑耕作・サゴデンプン作り・採集の五つが中心であった。なお、大塚さんたちは、食物獲得活動と現金獲得活動のデータのみを提示していた。四つの集落のうち、ダルーに近い沿岸部のドロゴリ村の人びとだけがダルーでの賃労働を行っていた。また、ウォニエ村については一九七一年にも同様の調査が行われていたが、一〇年間で顕著な差異は認められなかった。さらに、口蔵さんは、パプアニューギニア西部州の高地周縁部に住む山地オクのカサンミンとセルタマンの村について、大塚さんたちと同じ方法で時間利用の調査を行った（Kuchikura 1990）。口蔵さんのデータには、「薪集め」、「材料集め」、「家屋の建築」と「道具の作成」、が、食物獲得活動、現金獲得活動以外の生産的活動として提示されていた。

表6―1は、これらとクボとキワイのデータを比較したものである。シウハマソンのその他の活動には、「家屋の建築・修理」、「道具の作成」、「家事」が、マワタのそれには、「道具の作成」と「家事」がそれぞれ含まれ

表6-1　時間利用における生計維持活動の比較（単位：分）

集団名（集落名）	調査年	食物獲得活動		現金獲得活動		その他の活動		合計	
		男性	女性	男性	女性	男性	女性	男性	女性
クボ（シウハマソン）	1988	215	287	0	0	75	83	290	370
キワイ（マワタ）	1990	154	136	73	49	49	136	276	321
カサンミン（ファコビップ）	1986	201	317	0	0	158	35	359	352
セルタマン（ウォクテンビップ）	1986	257	278	0	0	42	23	299	301
ギデラ（ルアル）	1981	223	166	—	—	—	—	—	—
ギデラ（ウォニエ）	1971	289	313	—	—	—	—	—	—
ギデラ（ウォニエ）	1981	278	280	—	—	—	—	—	—
ギデラ（ウメ）	1981	184	288	—	—	—	—	—	—
ギデラ（ドロゴリ）	1981	104	116	91	70	—	—	—	—

表中のカサンミン及びセルタマンのデータはKuchikura（1990）、ギデラのデータはOhtsuka and Suzuki（1990）による。なお、ギデラに関してはその他の生産的活動に関するデータは提示されていない。

る。両者の「家事」には「薪集め」の他に「洗濯」や「掃除」、「育児」も含まれていたため、山地オクの食物獲得活動以外の生産的活動とは必ずしも一致していない。また、異なる方法で行われた時間利用調査の結果を比較するには注意が必要ではあるが、ある程度の傾向は読み取ることができよう。

表6―1をもとに、横軸を女性の活動時間、縦軸を男性の活動時間として、各集落をプロットしたのが図6―1である。これを見ると、ギデラのうちウォニエとウメ、山地オクの二集落、シウハマソンが右上でクラスターを作り、マワタとドロゴリが左下でクラスターを作っていることがわかる。また、マワタとドロゴリでは現金獲得活動も行われており、それを活動時間に加えると（マワタ2とドロゴリ2）、ルアルに近づき三集落がクラスターを作っていることがわか

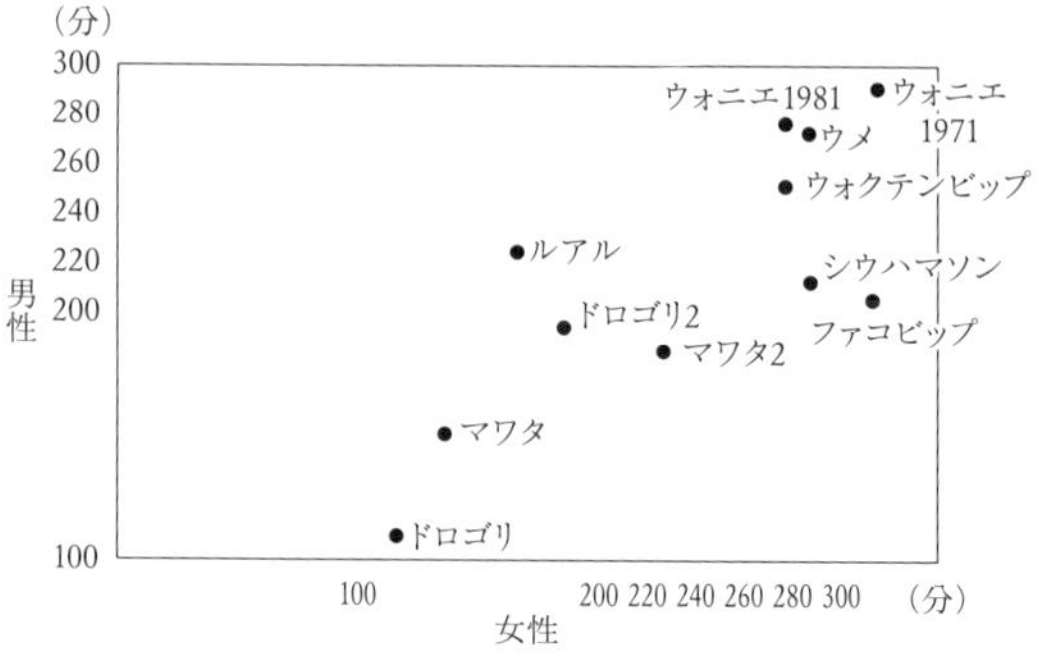

図6-1　男女の活動時間

る。ドロゴリの現金獲得活動は、州都ダルーでの道路工事であり、ダルーへの往復の時間も含まれていた。食物獲得活動のみを行っていた五集落では活動時間が多くなる傾向があり、現金獲得活動を行っていた二集落では食物獲得活動が少なく、現金獲得活動を加えても他の集落よりも活動時間が少なくなっていた。この図から貨幣経済の影響を考えると、日常生活の中に現金獲得活動が入ってきても、全体の活動時間が増えるのではなく、それぞれの活動に配分される時間が変化するという傾向があるといえるかもしれない。食物獲得活動に割りあてられる時間が減少すれば、当然、生産する食物は減少するが、その分を獲得した現金で購入していたと考えられる。この点は、次節で確認する。

また、シウハマソン、ファコビップ、ウメの三集落では、女性の活動時間が男性を大きく上回っていた。シウハマソンでは、「サゴデンプン作り」と「採集」が、ファコビップとウメでは「農耕」が、女性の活動時間を増加させた要因になっている。シウハマソンと山地オクの男女差は、食物獲得活動におけるそれぞれの言語集団の性別役割の違いに起因していたと思われるが、ウメの場合は畑の作り方によっていた。ウォニエでは畑は家族ごとに耕作されていたが、ウメでは数世帯が共同で耕作していて、女性のみのグループで畑に出かけることが多かったという。女性だけのグループで行われる活動としては、シウハマソンの「サゴデンプン作り」も同様であった。単独での狩猟活動が多かった男性と比べると、グループでの活動は参加者を増やし、結果として割り当てられる時間が多くなったのだろう。

3 食物摂取の比較

つぎに食物摂取を比較してみたい。シウハマソンの一九八八年の食物摂取の表2―2および一九九四年の表2―3（八〇〜八三頁）と、マワタの一九九〇年の食物摂取の表5―4（二一四、二一五頁）を比べていただきたい。エネルギーはシウハマソンの一九八八年が多いが、一九九四年のデータとマワタでは、それほど変わらない。一九八八年のシウハマソンの食物摂取では、エネルギー源としてサゴデンプンとバナナの割合が多くなっていた。とくに、サゴデンプンは炭水化物以外の栄養素をほとんど含んでいないので、食物摂取に占めるサゴデンプンの割合が高くなるとエネルギー摂取量も多くなった。タンパク質は、マワタはクボの二倍の量を摂取していた。そもそもシウハマソンではタンパク質の摂取量がFAO/WHOの基準値よりも低かった。また、表5―4をみるとマワタが漁撈活動で得たタンパク質は一四・四％にすぎず、七割以上は購入した食物から摂取していたことがわかる。とくに、米や小麦といった植物性食物と、他の集団から購入した野ブタの占める割合が高くなっていた。自給が中心だった頃のマワタの食物摂取のデータはないが、少なくとも二〇世紀末では、貨幣経済の浸透により購入した食物がタンパク質摂取に貢献していたことがわかる。また、摂取した脂質の多くは、両者ともココヤシが占めていた。若いココヤシの実は、果汁を飲んだ後にまだ柔らかい胚乳をそのまま食べることもあるが、熟して果汁が少なくなった胚乳を削り、水と混ぜた後に絞るココナツミルクにしてバナナや根茎類の調理に使われることもある。いずれにせよ、ココナツミルクが脂質の摂取に欠かせない食材であったことを示している。また、表2―4（八四頁）と表5―5（二一五頁）を比べると、マワタにとって移入された購入食物が重要であったことがわかる。

食物摂取に関しても、大塚さんたちがギデラの四集落で、口蔵さんが山地オクの二集落で調査し、前掲の文献にデータを提示している。ここでも、ギデラのウォニエ村は、一九七一年と一九八一年に調査が行われた。表6―2は、成人男性一人一日当たりに換算したそれらのデータを、自給食物と購入食物の二つのカテゴリーに分けてまとめたものである。これをもとに、横軸を総エネルギー摂取量、縦軸を総タンパク質摂取量として、八集落の一〇のデータをプロットしたのが図6―2である。この図を見ると、ギデラの四集落五データは右上でまとまり、シウハマソンと山地オクが左下、マワタがその中間に位置していることがわかる。すなわち、ギデラの暮らす熱帯モンスーン林には狩猟対象となる動物が多く充分なタンパク質が摂取されていたが、熱帯雨林に位置するシウハマソンや高地周縁部の山地オクではタンパク質摂取量が少なく、FAO/WHOの基準値とほぼ同じか下回っていたことがわかる。また、サゴヤシが豊富なギデラの四集落は総エネルギー摂取量も多く、シウハマソン、山地オクは少なく、マワタがほぼその中間に位置していた。とくに、ファコビップは両摂取量とも少なく、高地周縁部が生存にとって厳しい環境であることをうかがわせる。シウハマソンの二つのデータを見ると、一九八八年から一九九四年には総タンパク質摂取量よりも総エネルギー摂取量の減少がおおきかった

表6-2　成人男性1人1日当たりに換算した食物カテゴリー別のエネルギー・栄養素摂取量の比較の比較

集団名（集落名）	調査年	自給食物 エネルギー Kcal %	自給食物 タンパク質 g %	自給食物 脂質 g %	購入食物 エネルギー Kcal %	購入食物 タンパク質 g %	購入食物 脂質 g %	合計 エネルギー Kcal	合計 タンパク質 g	合計 脂質 g
クボ（シウハマソン）	1988	3,029 (100.0)	29.8 (100.0)	18.1 (100.0)	0	0	0	3,029 (100.0)	29.8 (100.0)	18.1 (100.0)
クボ（シウハマソン）	1994	2,327 (98.9)	23.3 (97.1)	16.3 (98.8)	27 (1.1)	0.7 (2.9)	0.2 (1.2)	2,353 (100.0)	24.0 (100.0)	16.5 (100.0)
キワイ（マワタ）	1990	609 (26.7)	14.1 (29.6)	29.7 (92.5)	1,674 (73.3)	34.2 (70.4)	2.4 (7.5)	2,283 (100.0)	48.6 (100.0)	32.1 (100.0)
カサンミン（ファコビップ）	1986	1,936 (100.0)	16.8 (100.0)	6.4 (100.0)	0	0	0	1,936 (100.0)	16.8 (100.0)	6.4 (100.0)
セルタマン（ウォクテンビップ）	1986	2,400 (100.0)	23.7 (100.0)	7.2 (100.0)	0	0	0	2,400 (100.0)	23.7 (100.0)	7.2 (100.0)
ギデラ（ルアル）	1981	3,342 (94.1)	49.5 (91.2)	18.9 96.4)	211 (5.9)	4.8 (8.8)	0.7 (3.6)	3,553 (100.0)	54.3 (100.0)	19.6 (100.0)
ギデラ（ウォニエ）	1971	3,323 (100.0)	48.4 (100.0)	41.1 (100.0)	0	0	0	3,323 (100.0)	48.4 (100.0)	41.1 (100.0)
ギデラ（ウォニエ）	1981	3,333 (93.9)	61.8 (90.9)	9.3 (93.0)	216 (6.1)	6.2 (9.1)	0.7 (7.0)	3,549 (100.0)	68.0 (100.0)	10.0 (100.0)
ギデラ（ウメ）	1981	2,440 (81.9)	54.6 (80.8)	52.7 (97.4)	539 (18.1)	13.0 (19.2)	1.4 (2.6)	2,979 (100.0)	67.6 (100.0)	54.1 (100.0)
ギデラ（ドロゴリ）	1981	1,766 (54.8)	44.7 (61.0)	17.5 (70.0)	1,456 (45.2)	28.6 (39.0)	7.5 (30.0)	3,222 (100.0)	73.3 (100.0)	25.0 (100.0)

表中のカサンミン及びセルタマンのデータはKuchikura（1990）、ギデラのデータはOhtsuka and Suzuki（1990）による。

ことがわかる。

一九八八年の調査でご一緒した河辺さんは、サモ／クボ、ギデラ、山地オクに加え、南部高地州（現ヘラ州）のフリ、マヌス州のパロパについて、身体計測の結果を比較している（河辺 二〇〇二）。そのうち本節で取り上げたサモ／クボ、ギデラ、山地オクの結果をみると、図6―2に示した食物摂取のデータとよく似ていた。山地オクは身長がもっとも低く、サモ／クボがそれに続き、ギデラがもっとも高身長になっていた。体重では、ギデラがもっとも重く、男性では山地オクが、女性ではサモ／クボがもっとも軽くなっていた。BMI値（体重を身長の二乗で除したもので、体格や肥満度を示す指数）では、サ

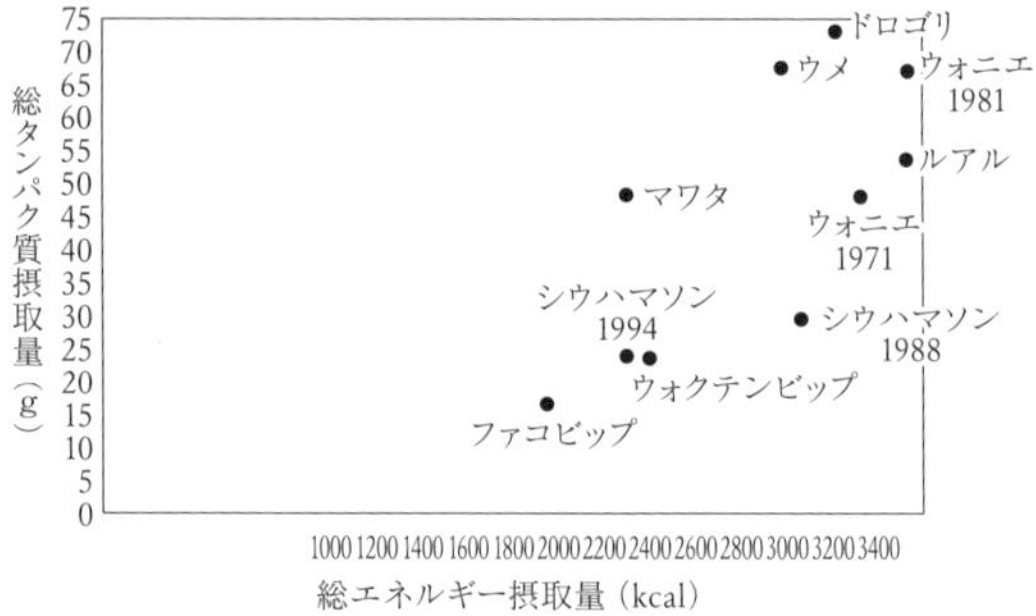

図6-2　総エネルギー摂取量と総タンパク質摂取量の関係

モ／クボ、ギデラ、山地オクの順で高くなっていた。つまり、山地オクでは低身長であることにより、ＢＭＩ値が高くなっているのである。この点について河辺さんは、山地オクが「ＢＭＩが低くないこと、つまり体格がそれほど劣っていないことについては、彼らが多雨で急峻な山岳地帯にすみ、低栄養状態にあることを考えると驚きである。過酷な条件への精一杯の適応といえるのだろうか。体格をこのように維持することの代償として、身長がきわめて低いことに注目しなければならない」（前掲書、四三頁）と述べている。食物摂取と身体計測のデータはともに、山地オクの環境の厳しさを示唆しているが、クボのシウハマソンもそれほど豊かな環境とは言えない。前述のように、ＳＤＡの食物規制により動物性タンパク質摂取が減少したことは、人びとの生存にとってけっして良い状況とは言えないだろう。

いっぽう、表６―２を見ると、食物カテゴリーの割合はマワタとドロゴリの二つの集落と、他の六つの集落で大きく異なっていた。他の六つの村が摂取する食物の多くを自給でまかなっているのに対し、マワタとドロゴリでは、かなりの割合を購入食物に頼っていた。これは、前節の時間利用の比較からの予測とも一致していた。とくに、マワタでは、エネルギーとタンパク質の摂取量ともに七割以上を購入食物に依存していた。これは、ドロゴリでの購入食物が、米、小麦粉、サバ缶詰、コンビーフ缶詰など、移入食品に限られているのに対し、マワタではサゴデンプンや捕獲した野生動物までが購入されていたことによる。また、いずれの集落でも脂質の摂取源は自給食物が多かった。脂質には、低地のキワイとギデラではココヤシが、内陸熱帯雨林のクボではココヤシに加えマリタ・パンダナスとガリプナッツが、高地周縁部の山地オクではマリタ・パンダナスが、それぞれ貢献していた。

マワタで、購入食物の摂取が多く、それが伝統的な食物を含んでいたということには、いくつかの要因が影響していたと考えられる。まず、マワタ村のおもな現金獲得活動であるナマコの採集と加工が、特別な技倆を必要とするものではなく、ほとんど全員が参加できたため、全世帯に現金が流通することになったことである。その結果、食物獲得活動に割りあてる時間を減らした一方、すべての世帯が購買力を持ち、食物の購入が容易になった。

また、マワタがキワイの居住地の西端に近く、内陸の集団との関係で生活領域が海岸沿いに限られていたことも関係していると思われる。マワタは、狩猟のための土地やサゴヤシの生育地が少なく、サゴデンプンや陸生野生動物はもともと不足がちだった。内陸の集団にとってタンパク質源として重要な陸生野生動物の代わりに、沿岸に位置するキワイの村々ではこれまで海産資源を利用してきた。しかし、ナマコブームにより現金獲得活動に割りあてる時間が多くなり、海産資源も不足するようになった。ナマコ加工で入手した現金で、それらに代わる食物を購入することになったのだろう。

4　ニューギニアの森と海

これまで、クボとキワイの時間利用と食物摂取について、おもに貨幣経済の浸透度の違いから比較してきた。次に、社会組織の違いと変化について考えてみたい。クボは平準化メカニズムに基づいた平等主義的な社会であった。いっぽう、キワイは年齢階梯制に基づいた男性年長者が優位な社会だった。平等主義とジェロントクラシーは、けっして対になる概念ではないが、何かを決める際に誰にも決定権がないというクボと、年長者に判断がゆだねられるというキワイは、好対照であるように思われる。

しかし、私が調査した際には、両者ともに変化が生じていた。クボでは、国家に包摂されることになり、なかば強制された定住集落の形成によって資源利用に変化が見られた。キワイでは、ナマコの採集と加工という新たな現金獲得活動の開始により、年長者による、いわばジェロントクラシーに揺らぎが見えた。

クボの社会には強い平準化メカニズムが働いており、そのことが政治的リーダーの誕生を妨げていた。調停機能を持たないクボの社会では、メンバー間の緊張関係はどちらかが集落を離れることで一時的に回避された。しかし、そうした緊張関係はやがて誰かの死をきっかけに顕在化し、邪術師の告発へと向かうことになった。その際には、何らかの権威を持ったリーダーが、告発の議論を主導するということはなかった。かわるがわる遺体に触れるなどの邪術師を断定する儀式を経て、犠牲者の親族や近しい人が思い思いに犠牲者と緊張関係にある人びとと、その死の原因を語り合っていた。邪術師の殺害が禁じられてからは、犠牲者の近しい親族がカウンターマジックをかけるという方法がとられることになった。誰かが死んで、それがカウンターマジックによるものであり邪術師であったことが確認されると、その者をめぐる食物や女性についての「妬み」と葛藤が人びとによって言及され、すでに死んだ者の中からその犠牲者と動機が確定された。ピーターの妻が邪術師であると告発された場合には他の集落の呪術師の助けを借りたが、これは容疑を認めようとしない彼女に対する例外的な手段であった。このようにして、一つの死をもう一つの死で埋め合わせることで、人の死すら平準化メカニズムに組み込まれていた。

かつてのロングハウスでの暮らしでは、食料や女性をめぐる葛藤、他のロングハウスや言語集団からの襲撃や病気の蔓延により、しばしば離合集散が生じていた。離散したロングハウスからの移入者は婚姻や成年式の際の訪問による紐帯を頼りに、他のロングハウスで暮らすことになった。その場合には、受け入れたロングハウスのメンバーがホストとなり、ゲストである移入者（避難者）に食物を分配することでその生計維持を保障した。そして、離合集散が多く、かつ、二〜三年に一度集落の位置を変えるロングハウスの暮らしによって、ホストとゲストが入れ替わる機会が多く生じたために、一見するとゲストのただ乗りに見えるこの行為は結果的に相殺されることになった。つまり、短期的には一方的な分配は、長期的には双方向の交換としての平準化の機能を持っていたと思われる。

しかし、政府による定住化奨励策によって、多くのロングハウスコミュニティが集合して形成され、しかも長期間（一五年以上）にわたり集落の位置を変えずにきたシウハマソンの場合には、土地所有に関する不均衡が永続化することになった。その結果、ホストのオビに属する世帯では、一方的に食物を与える必要が生じたことになる。これは、「与え手」と「受け手」を固定化することになり、平準化のバランスを著しく崩すことを意味する。この状況を回避するため、所有権のない世帯へも利用権を拡大し、その生産を保障することで、生産の不均衡による交換バランスの不均衡を解消したと考えることができる。定住化がもたらした資源利用の変化は、死すらも含む強い平準化メカニズムに裏打ちされていた。

いっぽう、キワイの社会は年齢階梯制のもと、男性の年長者がリーダーとなり、意思決定を行っていた。しかし、新しい現金獲得活動であるナマコ採集と加工が始まってからは、従来のシステムに揺らぎが生じていた。当初、モリ漁と同じグループで行われていたナマコの加工が小グループに分裂したことは、このことをよくあらわしている。ジュゴンやウミガメは現金収入源であることよりも、儀礼時に欠かせぬ文化的に価値の高い食物だった。これらの獲物が捕獲されると、モリ漁に参加した者だけでなく他の村びとにも肉が分配され、残りがダルーのマーケットで売られた。売上金はカヌーの所有者でありグループのリーダーである年長者から参加者に分配されたが、分配金よりも肉の分配に大きな意味があった。

しかし、ナマコは自分たちの食料ですらなく、単に現金を獲得する商品という意味しか持たない。また、モリ漁が危険を伴い、モリ射ちの技倆に漁の成否を大きく依存しているのに対し、ナマコの加工は手間がかかるものの、比較的容易で誰もが参加できるという点も大きく異なっている。モリ漁の出漁日やおおまかな漁場の選定は、リーダーである年長者が行っていた。しかし、漁のハイライトであるモリ射ちは青壮年層が担っていた。肉や売上金の分配などに関する意思決定はリーダーが行ったが、漁の成功をもたらしたモリ射ちには大きな名誉が与えられた。いっぽう、ナマコ採集と加工は単純作業の繰り返しであり、青壮年層には分配金以外に見返りといえるものはない。また、採集は個人が行うため、大型カヌーでの移動という条件を除くと、多人数のグループを作る必要はなかったと考えられる。そのため、分配金をめぐる年長者への不満が引き金となって、グループの分裂が起きたのだろう。

クボとキワイの社会は、植民地政府、独立後のパプアニューギニア政府、キリスト教会などの影響で大きく変化してきた。それぞれの社会は変化にともなって揺らぎをみせながらも、平準化メカニズムに基づいた社会(クボ)と年齢階梯制によるジェロントクラシー(キワイ)を何とか維持してきた。二つの社会が調査を行った時点からどのように変わっていくのかについていくつかの可能性を検討することはできる。

キワイの場合、このままナマコ漁が続けばおそらく資源の枯渇に行きつくことになるだろう。グループの分裂が目立つようになった頃から、採集してくるナマコがめだって小さくなってきていた。つまり、わずか一か月余りのナマコ採集で、すでに資源が枯渇する可能性が出てきていたのである。ナマコは移動性が少ない生物であるため、採集圧の強化はすぐに資源量の減少に結び付きやすい。しかし、資源管理について、マワタ村の人びとが何か対策を講じるということはなかった。これは、彼らの資源観によっている。バナナやタロなどの畑の作物には量に限りがあるが、魚などの海産資源は無尽蔵に存在しているため、獲り尽くすことはない。漁獲量が減少するのは、魚が他の場所に移動したからであり、いずれは戻ってくるという考え方である。一九九二年に再びキワイのカタタイ村を訪れた田和さんや、一九九六年にマワタ村を取材したテレビチームによると、キワイの村々では、ナマコ資源が減少すると漁をしばらく休み、回復すると再開するということを繰り返していたらしい。まさにキワイの資源観に基づく対応ではあるが、これはナマコ漁に大きく依存する生活を送っていないために可能になったことである。他の漁と畑を組み合わせれば、ある程度の自給は可能である。もし、貨幣経済の浸透がさらに進み、あらゆる場面で現金を必要とする生活を送ることになれば、採集圧はさらに強化され、ナマコ資源が枯渇してしまう可能性はある。また、干しナマコの最終的な販売先はパプアニューギニアではなく海外の国々である。販売先の需要の変化は、キワイの資源利用にも大きく影響するだろう。一九九〇年の調査から三〇年が過ぎて、キワイの資源利用がどのように変わったのか、それに伴いキワイ社会はどのように変化したのか、あるいはしていないのかについては、大いに関心を持っている。マワタ村を再び訪れることができれば、これらについて調べたい。

シウハマソンでは、調査のたびに人口が増加していた。増加した人数は、一九八八年から一九九四年までの六年間で約二〇人、その後の九年間で約三〇人である。人口増加の要因には自然増の他に、他集落やノマッドのクボコーナーからの移入もある。人口の増加や集中は、サゴヤシなどの資源と土地不足を招くかもしれない。その結果、資源利用に変化が生じる可能性もある。また、西部州南部で生じているような、政府と外国資本による森林開発がノマッド地域に広がる可能性も否定できない。森林が切り開かれ、伐採した木材を運搬するための道路網が作られると、クボの暮らしは大きく変わるだろう。森が縮小し、人や物がパプアニューギニアの他の地域、あるいは海外から入り込めば、貨幣経済がまたたくまに浸透し、それまでの自給自足の生活は、外の世界からやってくる商品に頼らざるを得なくなるだろう。その時には、平準化メカニズムに裏打ちされたクボの社会はどのように変わっていくだろうか。

クボが暮らす森は、川や山、湿地に囲まれて外部との接触が限定された、どちらかといえば閉じた環境だった。キワイの海は島々を隔てているように思われるが、カヌーと航海術があれば遠くまで移動することが可能である。そして、国境などは関係なく、これまでもトレス諸島まで出かけていたように、開いた環境だった。強い感情を表に出さず、他者との関係が不均衡にならないように気を配るクボと、陽気ではあるが時には感情をぶつけ合うキワイの違いは、彼らが暮らす森と海という環境の違いと関係しているようにも思われる。

おわりに

　これまで、パプアニューギニア西部州の内陸にある熱帯雨林に暮らすクボについて、その資源利用に関する定量的データを提示して、クボ社会と自然・超自然のかかわりについて紹介してきた。クボの食物獲得活動は、バナナを主作物とする移動式農耕（焼かない焼畑）、サゴヤシからのデンプン作り、河川での漁撈、小動物や野生植物の採集、野ブタやヒクイドリを対象におもに弓矢を使った森林での狩猟である。かつては、数家族からなるロングハウスで生活していたが、パプアニューギニアの独立に伴い、政府による定住化政策が進められ、現在ではいくつかのロングハウスが集まって、定住集落を形成していた。クボの食物獲得活動の特徴は、利用権の柔軟性である。畑として利用する土地に関して、定住化により集落の近くに土地を所有しないオビ（父系親族集団）が生じたが、土地を所有するオビから、対価を必要とせずに土地を借りることができた。また、サゴヤシについても基本的には所有権が設定されているが、グループで行われるデンプン作りに参加することで、非所有者もデンプンを作ることができた。こうした、利用権の拡張は、定住化が進んだことによって生じたものと考えることができる。そして、それには彼らの平準化へのオブセッションと、邪術と死に関する概念が深く結びついていた。

　一九八八年のクボの調査を終えた後、同じパプアニューギニア西部州のキワイ、マレーシアのマレー人や先住民のオランアスリ、インドネシア、南太平洋ポリネシアのトンガ王国などで海外調査を続けてきた。しかし、クボでのはじめての海外調査の経験は強く印象に残った。それは、私自身のものの考え方やふるまいと、クボの人びとのそれらが大きく異なっていたからだろう。その後に出かけた他の調査地で出会った人びととくらべてみることも多かった。とくに、クボに続いて行ったキワイの調査では、同じパプアニューギニアの人びとでも、こんなに考え方やふるまいが違うのかということに気づかされた。そのおおきな要因は貨幣経済の浸透にあるのだろうが、ほぼ毎日のように雨が降り続き湿度の高い熱帯雨林で暮らすクボの人びとの気質と、海を中心にして生活するキワイの人びとの陽気で攻撃的な気質は、暮らしている環境の違いをよくあらわしているようにも思えた。

クボ社会の半遊動的生活（ただし、狩猟採集社会とは異なり二〜三年間隔）、資源利用の柔軟性（シウハマソンの特徴）、政治的リーダーの欠如、葛藤を解決するための離合集散、分配等にみられる平等主義的特徴は、狩猟採集社会とよく似ている。しかし、このような特徴は狩猟採集社会のみならず、移動式農耕と狩猟・採集・漁撈による野生動植物の利用（クボではこれにサゴデンプン作りも加わる）を組み合わせた社会にもしばしばみられることなのではないかと思う。大パプア台地の熱帯雨林は、西のストリックランド川、南の低湿地、東と北の急峻な山々に囲まれ、その外側の社会との接触はほとんどなかった。その中で、保存期間が短いため、多品種で成熟期間が異なるバナナや根茎類を栽培し、そしてそれらの作物の補完的な意味を持つサゴヤシを食物資源として利用する半遊動的なクボでは、社会の階層化よりも平準化への指向性が強かったのだろう。

そのようなクボ社会にも、一九六〇年代から植民地政府および国家とのかかわりが強まって来た。今のところ、クボの国家とのかかわりは、小学校や保健所からのサービスなど最小限に限られているし、税も払ってはいない。数か月に一度、政府の行政官が各集落を巡回することになってはいるが、ヒルに吸血されながら巡回しようという行政官は多くはないし、政府による医療サービスもじゅうぶんに受けられる状況ではない。しかし、国家とそれほどかかわりを持たずに暮らしてきたクボ社会も、徐々にではあるが国家に包摂されてきてはいる。たとえば、一九八〇年頃からは殺人や襲撃などに対する政府の取り締まりは強化されてきた。それまではクボ社会の中で許容されていた邪術師と断定された者に対する殺人は、処罰の対象となった。それへの対応として、死に関する解釈に若干の変更を加えたことは本文中に書いたとおりである。

生態人類学では、これまで、狩猟採集、焼畑（粗放的）農耕、遊牧などの生業戦略の違いによって社会構造も異なっているということをある種の前提としてきた。しかし、これらの社会は、穀物栽培を中心とする社会と比較すると、共通点も多いのではないだろうか。じっさいに、クボでは移動式農耕のほかにも、狩猟や採集は重要な食物獲得活動であった。前述のように、ストリックランド・ボサビグループに属する社会の平等主義的特徴が狩猟採集社会と類似しているという指摘がこれまでなされてきた。しかし、これらを（半）遊動的な生活をおくる社会としての類似性とみなすこともできるかもしれない。

本書で何度もご紹介したように、私の調査の基本は資源利用に関する定量的なデータを計測することからはじまる。「測れるものは何でも測る」という基本方針だ。口蔵さんはこれを、「重さがあれば重さを測る、長さがあれば長さを測る、動きがあれば時間を測る」と称している。調査に必要な道具は、バネバカリ、巻き尺と時計ということになる。バネバカリは測るものの重さによって何本か使い分けている。第2章や第3章でご紹介したデータは、これらの道具を使って計測したものである。測ることによって見えてくるのは、人びとが環境との相互作用の中でどのように具体的生活を営んでいるか、より具体的にいえば、いつ、だれが、どこで、どんな食物を、どのようにして手に入れているかということである。これらの基本的情報がなければ、人間と環境のかかわりを明らかにすることはできない。そして、具体的方法を明示して収集されたデータは、地域や時間を超えて比較検討することができる。いつ、どこで、どのような人びとがどのように暮らしていたのかを比較し、分析することが可能となるのである。

しかし、計測したデータを、個々の社会の脈絡の中でどのように解釈するかという際には、数値データだけに頼るわけにはいかない。人間の日常生活における行為は対象集団の文化を考えることなしには理解不能だからである。それぞれの固有の文化を読み解きながら、計測したデータを手がかりに、環境との関わりを理解する必要があると考える。そうすることで、個々の社会と環境との相互作用を、生態学的脈絡の中で理解することが可能になる。たとえば、クボ社会の特徴である資源利用の柔軟性が、姉妹同時交換婚や死と邪術の観念と結びついた平準化へのオブセッションと結びついているということは、数値データからだけでは読み取ることができない。数値データを解釈するためには、様々な場面でいろいろな人から聞き取った話や、見聞きしたエピソードを有機的に結び付けていく必要がある。婚姻の際に誰と誰を交換したのか、あるいは交換が完結していない場合には、どのようなことが起こったのか、ある人が死んだ場合その死の究極の原因は何だったのか、などを知ることで、数値データが肉付けされ意味を持ってくる。学術論文の場合には、解釈のもととなったエピソードを記述することはまれであり、数値データを図表として提示し、その解釈をディスカッションとしてまとめることが多い。そのように考えるきっかけは何だったのか、ということは省略されがちである。本書では、まず数値データを表として提示した後、論文では記述できなかったエピソードを紹介することで、肉付けの過程を見えるようにしたつもりである。そうすることで、邪術や死の観念とも結びついたクボ社会の平準化への強い志向性が、彼らと自然、そして超自然との三者の関係の上に成立していることが理解できるのではないかと考えている。

謝辞

本文中にお名前を出させていただいた方々からは、私の調査研究に数々のご助言をいただいた。心より感謝いたします。とくに、クボの調査の機会を与えて下さった大塚柳太郎先生、キワイ調査をはじめ、マレーシアやインドネシアへとお誘いいただき、視野を広めることを教えて下さった秋道智彌先生、そして学部学生時代から今まで生態人類学について詳しくご教示下さった口蔵幸雄先生には、深く感謝しています。大塚さんには調査のきっかけを与えてくださっただけでなく、これまでクボの論文をまとめるにあたり何度も丁寧に草稿を読んで下さり、ご指導をいただいた。また、本書の草稿を大変丁寧に読んで下さり、的確で示唆に富むご助言をいただいた。京都大学学術出版会の大橋裕和氏にも、本シリーズの趣旨に沿ったご助言をいただいた。本書の作成にあたりご助力をいただいたお二人に心より感謝いたします。

口蔵さんとは、本文中にも記述したように、二〇〇三年のクボの調査をご一緒したが、その他にも、マレーシア、インドネシア、トンガなど、これまでの三〇年近くにわたる海外調査をご一緒した。同じ部屋に泊まることもあれば、近くの村に分かれて調査をしたこともあったが、いずれの場合も生態人類学の調査について具体的なご指導をいただいた。よく、「酒は一人で二人前、調査は二人で一人前」とふざけあっていたが、実際には私の調査研究能力は口蔵さんの十分の一にも及ばない。

本文中に名前を載せていない方がたにもお世話になった。キワイの調査では、私と同じ北海道出身で、青年海外協力隊員としてパプアニューギニア西部州ダルーでの水産業の発展に貢献されていた安田栄さんには、キワイ調査の全般についてご助言とご協力をいただいた。トンガ王国の調査では、当時首都ヌクアロファでゲストハウスを経営されていた又平直子アフェアキさんに、調査のアレンジやトンガでの生活について、ご助言とご協力をいただいた。お二人に深く感謝いたします。お二人とも若くしてお亡くなりになられたため、本書を読んでいただけないのが大変残念です。

また、私のたび重なる愚かな振る舞いや質問にもかかわらず、私をあたたかく受け入れていただいた、パプアニューギニアのクボの皆様、キワイの皆様に、心より感謝申し上げます。皆さんから教えていただいたさまざまなことがなければ、本書のもとになった調査研究はできませんでした。しかし、皆さんから教えていただいたことを私が正しく理解できたのかについては、おおいに不安があります。本書の内容が、皆さんの考えとは違っていることもあり得ます。その責任はすべて私の能力不足にあります。ご寛恕いただければ幸甚です。

「生態人類学は挑む」というシリーズの出版は、巻頭言にもあるように、故掛谷誠先生のご遺族のご厚志によって可能となりました。ご遺族には、これまでのパプアニューギニアを中心とした研究をまとめる機会を私にも与えてくださったことに深く感謝いたします。掛谷さんとは、生態人類学研究会で何度かお目にかかり、懇親会後に明け方まで続くいわゆる二次会で何度もお話をさせていただいた。クボの調査の前か後かは覚えていないが、ある時、出張で札幌に来られた際に、酒を飲もうとお誘いを受けたことがある。掛谷さんの筑波大学時代の教え子で札幌に住んでおられた方と三人で何軒かの店をはしごした。その時、私は生意気にも、「生態人類学の基本は定量データを計測することであり、その結果の図表こそが重要である」と話したことを覚えている。掛谷さんは私をたしなめることもせず、優しく聞いてくれた。その後に参加した生態人類学研究会で、ある院生の発表に私が質問したことがあった。院生の発表は呪的信仰をあまりに機能主義的に説明していたので、「当該社会の文化や信仰について、もう少し触れた方がよいのではないか」というような趣旨の質問だったと思う。その後の二次会で、掛谷さんが、「お前から、文化や信仰が重要だという話が出るとは思わなかった。感動した」と、私に声をかけてくださった。札幌での生意気な私の話を、アフリカで呪医もされた掛谷さんは、本当は苦々しく思っていたのだとその時に気がついた。

なお、一九九〇年のキワイ調査は科研費「熱帯アジア・西南太平洋地域における水産資源利用の文化適応とその戦略（代表者：秋道智彌、課題番号02041102）」、一九九四年のクボ調査は「オセアニアの焼畑農耕民の生活環境及び資源利用の変容と健康に関する医学生態学調査（代表者：大塚柳太郎、課題番号05041108）」、二〇〇三年のクボ調査は「東南アジア・オセアニアの地域開発が環境と住民に及ぼす影響に関する生態人類学的研究（代表者：口蔵幸雄、課題番号13375004）」のそれぞれ研究分担者として行った。

参考文献

大塚柳太郎（一九七七）「サゴヤシに依存するパプア人の生態」渡辺仁編『人類学講座12　生態』二一五―二五〇頁、雄山閣
掛谷誠（一九七四）「トングウェ族の生計維持機構――生活環境・生業・食生活」『季刊人類学』五巻三号：三―九〇頁
掛谷誠（一九七七）「サブシステンス・社会・超自然的世界――トングウェ族の場合」渡辺仁編『人類学講座12　生態』三六九―三八五頁、雄山閣
掛谷誠（一九八三）「妬みの生態人類学――アフリカの事例を中心に」大塚柳太郎編『現代のエスプリ・生態人類学』二二九―二四一頁、至文堂
掛谷誠（一九九四）「焼畑農耕社会と平準化」大塚柳太郎編『講座地球に生きる3　資源への文化適応』一二一―一四五頁、雄山閣
河辺俊雄（二〇〇二）「身体が語る多様な世界」大塚柳太郎編『ニューギニア――交錯する伝統と近代』二三―四九頁、京都大学学術出版会
口蔵幸雄、須田一弘（二〇一一）「パプアニューギニア山麓のバナナ栽培（1）品種の多様性」『岐阜大学地域科学部研究報告』二九号：五三―九八頁
サーリンズ、マーシャル（一九八四）［1972］『石器時代の経済学』山内昶訳、法政大学出版局
サゴヤシ学会編（二〇一〇）『サゴヤシ』京都大学学術出版会
佐藤廉也（一九九九）「熱帯地域における焼畑研究の展開」『人文地理』第五一巻四号：四七―六七頁
須田一弘（一九九五a）「生態と社会変化――パプアニューギニアの事例をもとに」秋道智彌、市川光雄、大塚柳太郎編『生態人類学を学ぶ人のために』二一七―二三七頁、世界思想社
須田一弘（一九九五b）「パプアニューギニア・クボ族のサゴ作りの生産性について」『*Sago Palm*』三号：一―七頁
須田一弘（一九九五c）「ナマコ漁とキワイ社会のゆらぎ――パプアニューギニア、マワタ村」秋道智彌編『イルカとナマコと海人たち』一四一―一六三頁、日本放送出版協会
須田一弘（一九九六）「文明がやってきた――パプアニューギニア・クボの場合」『北海学園人文論集』第六号：一五三―一六六頁

須田一弘（二〇〇四）『パプアニューギニア・クボ集団における生計維持活動の平準化メカニズムと社会変化に関する生態人類学的研究』鹿児島大学大学院農学研究科学位論文
須田一弘（二〇〇六）「サンゴ礁の人と魚——オセアニアの海産資源とその利用」印東道子編『環境と資源利用の人類学』三七—五九頁、明石書店
田和正孝（一九九五）『変わりゆくパプアニューギニア』丸善出版
ハイズ、ジャック（一九七〇）［1936］「ニューギニア探検記」（瀬尾韶夫訳）『現代の冒険1　砂漠と密林を越えて』梅棹忠夫編、一一五—二三七頁、文芸春秋社
林勲男（一九九八）「夢語りの位相——パプアニューギニア、ベダムニの霊媒による語り」『国立民族学博物館研究報告』二三巻一号：九五—一二七頁
松本博之（一九八〇）「パプア南西岸地域における地域社会の諸相——マワタ（Mawata）村を中心として」『愛媛大学教養部紀要』一三：一三三—一八三頁
レヴィ＝ストロース、クロード（一九七七）［1949］『親族の基本構造』番町書房

Berde, S. (1979) "The impact of Christianity on a Melanesian economy," *Research in Economic Anthropology*, 2: 169-187.
Dennett, G. and J. Connell (1988) "Acculturation and health in the Highlands of Papua New Guinea," *Current Anthropology*, 29: 273-299.
Dwyer, P. D. and M. Minnegal (1992) "Ecology and community dynamics of Kubo people in the tropical lowlands of Papua New Guinea," *Human Ecology*, 20: 21-55.
Dwyer, P. D. and M. Minnegal (1993) "Banana production by Kubo people of the interior lowlands of Papua New Guinea," *Papua New Guinea Journal of Agriculture, forestry and fisheries*, 36: 1-21.
Dwyer, P. D. and M. Minnegal (1994) "Sago palms and variable garden yields: a case study from Papua New Guinea," *Man and culture in Oceania*, 10: 81-102.
Dwyer, P. D. and M. Minnegal (1995) "Ownership, individual effort and the organization of labour among Kubo sago producers of Papua New Guinea," *Anthropological Science*, 103: 91-104.

Dwyer, P. D. and M. Minnegal (1997) "Sago games: Cooperation and change among sago producers of Papua New Guinea," *Evolution of Human Behavior*, 18: 89-108.

Dwyer, P. D., M. Minnegal and V. Woodyard (1993) "Konai, Febi and Kubo: The northwest corner of the Bosabi language family," *Canberra Anthropology*, 16: 1-14.

Ernst, T. M. (1978) "Aspect of meaning of exchanges and exchange items among the Onabasulu of the Great Papuan Plateau," *Mankind*, 11: 187-197.

FAO/USDHEW (1992) *Food Composition Table for Use in East Asia*. Rome: Food and Agriculture Organization of the United Nations.

FAO/WHO (1973) *Energy and Protein Requirements*. Rome: Food and Agriculture Organization of the United Nations.

Grant, J. (1987) "The impacts of dependent development on community and resources in Kilenge, Papua New Guinea," *Human Ecology*, 15: 243-260.

Harris, G.T. (1982) "Subsistence agriculture and nutrition in Papua New Guinea: A research review," *IASER Discussion Paper*, 42: 1-39.

Johnson, A. (1975) "Time allocation in Machiguenga community," *Ethnology*, 14: 301-310.

Johnson, P. L. (1988) "Women and development: A Highland New Guinea example" *Human Ecology*, 16: 105-122.

Knauft, B. M. (1985) *Good Company and Violence*. Berkeley: University of California Press.

Knauft, B. M. (2005) *The Gebusi Lives: Transformed in a Rainforest World*, McGraw-Hill.

Kuchikura, Y. (1990) "Subsistence activities, food use and nutrition among the Mountain Ok in central New guinea," *Man and Culture in Oceania*, 6: 113-137.

Kuchikura, Y. (1994) "A comparative study of subsistence patterns in Papua New Guinea." *Bulletin of the Faculty of general Education*, Gifu University, 30: 41-89.

Kuchikura, Y. (1995) "Productivity and adaptability of diversified food-getting system of a foothill community in Papua New Guinea," *Bulletin of the Faculty of general Education*, Gifu University, 31: 45-76.

Kuchikura, Y. (1997) "Inter-household food sharing in a foothill community in Papua New Guinea: An adaptive mechanism to risk in food supply, " *Man and Culture in Oceania*, 13: 57-82.

Landtman, G. (1927) *The Kiwai Papuans of British New Guinea*. London Macmillan. [reprinted 1970, Johnson Reprinted Co.]

Lee, R. B. (1979) *The !Kung San:men, women, and work in a foraging society*. Cambridge: University Press.

Marshall, L. (1976) *The !Kung of Nyae Nyae*. Cambridge: Harvard University Press.

Moji, K. and H. Koyama (1985) "A time-saving spot-check method applied to a Sundanese peasant community in west Java," *Man and Culture in Oceania*, 1: 121-127.

Moraes-Gorecki, V. (1983) "Notes on the ownership and utilization of Sago, and on social change, among the Moveave-Toaripi of the Papuan Gulf," *Oceania*, 53: 233-241.

Morauta, L. (1982) "Sago for food in a changing economy," *IASEL Discussion Paper*, 44: 39-75.

Ohtsuka, R. (1977) "Time-space use of the Papuans depending on Sago and game," In *Human Activity System: Its Spatiotemporal Structure*. (Watanabe, H. ed.) Tokyo: University of Tokyo Press: 231-260.

Ohtsuka, R. (1983) *Oriomo Papuans: Ecology of Sago-Eaters in Lowland Papua*. Tokyo: University of Tokyo Press.

Ohtsuka R., T. Kawabe, T. Inaoka, T. Suzuki, T. Hongo, T. Akimichi and T. Sugawara (1984) "Composition of Local and purchased foods consumed by the Gidra in lowland Papua," *Ecology of Food and Nutrition*, 15: 159-169.

Ohtsuka, R., T. Inaoka, T. Kawabe, T. Suzuki, T. Hongo and T. Akimichi (1985) "Diversity and change of food consumption and nutrient intake among the Gidra in Lowland Papua," *Ecology of Food and Nutrition*, 16: 339-350.

Ohtsuka, R. and T. Suzuki (eds.) (1990) *Population Ecology of Human Survival*. Tokyo: University of Tokyo Press.

Rhoads, J. W. (1981) "Variation in land-use strategies among Melanesian Sago eaters," *Canberra Anthropology*, 4: 45-73.

Schieffelin, E. L. (1975) "Felling the trees on top of the crop," *Oceania*, 46: 25-39.

Schieffelin, E. L. (1976) *The Sorrow of the Lonely and the Burning of the Dancers*. New York: St. Martin' s Press.

Show, R. D. (1986) "The Bosavi Language Family," *Pacific Linguistics* A-70: 45-76.

Show, R. D. (1990) *Kandila*. Ann Arbor: The University of Michigan Press.

Show, R. D. (1996) *From Longhouse to Village: Samo Social Change*. Fort Worth: Harcourt Brace Collage Publishers.

Sørum, A. (1980) "In search of the lost soul: Bedamini spirit séances and curing rites," *Oceania*, 50: 273-296.

Sørum, A. (1982) "The seeds of power: Patterns of Bedamini male initiation," *Social Analysis*, 10: 42-62.

Strathern, A. (1982a) "Tribesmen or peasants?" In *Inequality in New Guinea Highlands societies*. (Strathern A. ed.) Cambridge: Cambridge University Press: 137-157.

Strathern, A. (1982b) "The division of labor and processes of social change in Mount Hagen," *American Ethnologist*, 9: 307-319.

Suda, K. (1990) "Leveling mechanisms in a recently relocated Kubor village, Papua New Guinea: A socio-behavioral analysis of Sago-making," *Man and Culture in Oceania*, 9: 69-79.

Suda, K. (1993) "Socioeconomic changes of production and consumption in Papua New Guinea societies," *Man and Culture in Oceania*, 9: 69-79.

Suda, K. (1994) "Methods and problems in time allocation studies," *Anthropological Science*, 102: 13-22.

Thomson, B. P. (1954) *Two Studies in African Nutrition*. Manchester: Manchester University Press.

Townsend, P. K. (1974) "Sago production in a New Guinea economy," *Human Ecology*, 2: 217-236.

Townsend, P. K. (1982) "A review of recent and needed Sago research," *IASER Discussion Paper*, 44: 1-38.

Woodburn, J. (1970) *Hunters and Gatherers: the material culture of the nomadic Hadza*. London: The British Museum.

Woodburn, J. (1982) "Egalitarian Societies," *Man*, 17: 431-451.

【ら】

【わ】

【A-Z】

【は】

【ま】

【や】

【た】

【な】

【さ】

索　引

【あ】

【か】